Rosemarie Zehetgruber • Christine Klestorfer

Erstes Grün

FRÜHLINGSKÜCHE

av BUCH

Inhalt

Die allerersten Frühlingsboten 40

MÄRZ BIS APRIL

Die süßen Boten des Frühlings 116

MÄRZ BIS JUNI

Endlich! Das erste Grün

Jahresbeginn! Die Natur erwacht aus dem Winterschlaf, die ersten Pflänzchen sprießen. Das erste Grün ist ein ganz besonderer Gaumenschmaus – und auch eine wichtige Nährstoffquelle. Die zarten Pflanzen sind ausgesprochen reich an natürlichen Muntermachern. So als müssten sie uns nach dem vitamin- und lichtarmen Winter wieder auf die Sprünge helfen.

Früher, als es bei uns noch keine Früchte aus fernen Ländern zu kaufen gab, sehnten sich die Menschen nach dem ersten Gemüse und den ersten zarten Kräutern. Immerhin galt es, endlich wieder an Vitamin C zu kommen. Auch heute noch, wo zwar dank weltweiter Transportlogistik in unseren Supermärkten zu jeder Zeit Obst und Gemüse verfügbar sind, ist im Frühling alles hungrig nach frischem Grün. Denn nichts, so scheint es, kann den Organismus besser ankurbeln als der erste zarte Salat, die ersten duftenden Kräuter auf dem Butterbrot oder die ersten grünen Kraftsuppen.

Duftende Blätter, bunte Blüten

Ist die Sonne erst so richtig warm, geht es Schlag auf Schlag. Immer neue Pflanzen wachsen zu üppiger Pracht heran, die Wiesen werden zu bunten Blütenmeeren. Jeder Frühlingsspaziergang bringt Neues für Gaumen und Nase. Es macht großen Spaß, sein Essen selbst zu ernten.

Bärlauch, Veilchen, Portulak, Hopfensprossen – viele Wildkräuter sind nur kurz verfügbar. Wer nicht darauf verzichten möchte, muss schnell sein. Andere wiederum, wie etwa Brennnessel, Löwenzahn, Sauerampfer oder Spinat aus dem Garten, sind oft bis in den Herbst hinein zu ernten. Im Frühling allerdings sind die Pflanzen besonders zart und delikat.

Damit Sie den besten Zeitpunkt für das erste Grün nicht verpassen, haben wir das Buch in kulinarische Zeitspannen unterteilt.

- **Jänner bis März:** Frisches Grün mitten im Winter
- **März bis April:** Die allerersten Frühlingsboten
- **April bis Juni:** Wenn die Sonne kräftiger wird
- **Extra für Naschkatzen:** Die süßen Boten des Frühlings

Wir haben für Sie 18 unserer Lieblingsgemüse und -kräuter ausgesucht und in diesem Buch genauer vorgestellt: mit Kultur- und Standortbeschreibungen, Tipps zum Ernten & Sammeln, Informationen zu Inhaltsstoffen, Heilwirkungen sowie Verwendungs- und Zubereitungsmöglichkeiten. Mit den nachfolgenden 130 Rezepttipps möchten wir Ihnen Lust auf das „erste Grün" machen.

Allen Freundinnen und Freunden, die uns auch für dieses Buch wieder mit ihrem gärtnerischen Wissen und ihren praktischen Küchentipps zur Seite gestanden sind, möchten wir herzlich danken.

Die Autorinnen

Was das „erste Grün" so wertvoll macht

Frühling. Die Sonne wird kräftiger, wärmt den kalten Boden und lockt die ersten Pflänzchen aus der Erde. Die jungen Kräuter- und Gemüsepflanzen saugen die gespeicherte Kraft des Bodens und die Energie der ersten Sonnenstrahlen förmlich auf – und das macht den besonderen Geschmack und den hohen Gesundheitswert des ersten Grüns aus. Wildpflanzen haben zusätzlich den Vorteil, dass sie sich ihren optimalen Standort selbst aussuchen. So werden sie zu besonders wertvoller Powerkost, denn: Je gesünder und widerstandsfähiger die Pflanze ist, desto wertvoller ist sie auch für die menschliche Ernährung.

Kräuter oder Gemüse?

Zählen Brennnessel, Löwenzahn und Sauerampfer nun zu den Kräutern oder sind sie doch Gemüse? Auf den folgenden Seiten werden Sie sehen, dass wir beim ersten Grün immer wieder in der Bezeichnung wechseln: Mal nennen wir die Pflanze „Küchenkraut“, mal „Gemüse“. In der Pflanzenheilkunde sowie in der Küchenpraxis versteht man unter Kräutern alle heilkräftigen, würzenden und duftenden Pflanzen. Verwendet werden sie in kleinen Mengen – zum Aromatisieren und Verfeinern von Speisen und Getränken. Diese Definition hat sich auch in der Umgangssprache durchgesetzt. Von Gemüse reden wir, wenn wir mehr davon – eine ganze Portion – auf einmal essen. Und so können Brennnessel, Sauerampfer & Co eben beides sein – würzendes Küchenkraut und nährendes Gemüse.

Viele Frühlingskräuter und -gemüse verfügen über einen außerordentlich hohen Vitamin- und Mineralstoffgehalt.

Grüne Power im Vergleich (in mg/100 g):

KULTUR- UND WILDGEMÜSE	KALIUM mg	MAGNESIUM mg	KALZIUM mg	EISEN mg	VITAMIN C mg
Kopfsalat	224	11	37	1,1	13
Chinakohl	202	11	40	0,6	36
Kichererbsensprossen	380	**56**	36	2,3	10
Gartenkresse	**550**	40	**214**	2,9	**59**
Vogerlsalat	**420**	13	32	2,0	35
Spinat	**633**	**58**	**126**	**4,0**	52
Löwenzahn	**590**	23	50	1,2	**115**
Brunnenkresse	276	34	**180**	**3,1**	51
Sauerampfer	362	**41**	54	**8,5**	**117**
Brennnessel	410	**71**	**630**	**7,8**	**333**

Quellen: Deutsche Forschungsanstalt für Lebensmittelchemie (1991): „Der kleine Souci-Fachmann-Kraut“ und AID (1987): „Wildgemüse“

Weniger Vitamine in Gemüse?

Aktuelle Studien dokumentieren markante Verschlechterungen der Nährstoffgehalte von Gemüse in den letzten Jahrzehnten. Diese Entwicklung hat ihre Ursache allerdings nicht in der häufig kolportierten Verarmung der Böden.

Der Grund ist vielmehr ein ökonomischer: Das Gebot unserer Zeit, jederzeit alles im Regal verfügbar zu haben, führt dazu, dass schon in der Sortenzüchtung das Augenmerk vor allem auf hohen Ertrag, Transportfähigkeit und Optik gelegt wird – auf Kosten von Aroma und Inhaltsstoffen. Zur Verbesserung der Transport- und Lagerfähigkeit wird Gemüse zudem in der Regel unreif geerntet. Einen optimalen Gehalt an Vitaminen, Mineralstoffen und sekundären Pflanzenstoffen entwickelt jedoch nur voll ausgereiftes Gemüse.

„5 am Tag“

Je mehr Gemüse gegessen wird, desto seltener treten Krebs und Herz-Kreislauf-Erkrankungen auf!

Krebshilfe und Ernährungsgesellschaften rechnen vor, dass 30 bis 40 % der Krebserkrankungen auf das Konto falscher Ernährung gehen. Fünf Portionen Obst und Gemüse am Tag, so die Empfehlung, verringern das Erkrankungsrisiko maßgeblich.

Die gesundheitsfördernde Wirkung von Gemüse und Kräutern beruht auf einer Vielzahl von schützenden Substanzen: Vitaminen, Ballaststoffen, Chlorophyll, Carotinoiden, Glucosinolaten, Flavonoiden, Isothiocyanaten oder pflanzlichen Sterolen, um nur einige aufzuzählen. Jedes Gemüse enthält unterschiedliche Mengen dieser schützenden Inhaltsstoffe. Daher heißt das Motto: Je vielfältiger der Speiseplan, desto besser!

Mit dem ersten Grün aus Wald, Wiese & Garten sowie vom Fensterbrett nutzen Sie auch im Frühling das volle gesundheitsfördernde Potenzial der Natur!

Die Rezepte und Tipps in diesem Buch
unterstützen Sie bei der Umsetzung von „5 am Tag“!

Sekundäre Pflanzenstoffe – Gesundheitsprofis aus der Natur

Sekundäre Pflanzenstoffe werden von Pflanzen als Farb- und Lockstoffe, als Abwehrstoffe gegen Schädlinge und Krankheiten oder als Wachstumsregulatoren gebildet. Für den Menschen wirken diese Stoffe auf vielfältige Weise gesundheitsfördernd: Sie regulieren Blutzucker- und Cholesterinspiegel, schützen vor Krebs, Herz-Kreislauf-Erkrankungen und Infektionen und sie stärken das Immunsystem. Wie der Name sagt, kommen diese 10000 bis 30000 unterschiedlichen Verbindungen nur in Pflanzen vor. Frühlingsgemüse und allen voran die Wildgemüse und Wildkräuter sind überaus reich an sekundären Pflanzenstoffen. Übrigens hängt der Gehalt an diesen bioaktiven Inhaltsstoffen auch von der Kulturführung ab. Es wird vermutet, dass Gemüse aus biologischem Anbau bis zu 50 % mehr sekundäre Pflanzenstoffe enthält. Der Verzicht auf chemisch-synthetischen Pflanzenschutz ist eine mögliche Erklärung dafür.

Das Gute erhalten – nährstoffschonend zubereiten

Ernte, Einkauf, Lagerung und Zubereitung entscheiden über die Qualität der Lebensmittel. Vitamine, Mineralstoffe, Geschmacksstoffe und weitere sekundäre Pflanzenstoffe sind empfindlich.

Zu lange Garzeiten oder falsche Lagerung können daher Geschmack und Wert mindern.

Tipps, um Nährstoffe und Aroma zu erhalten:

- Gemüse möglichst ausgereift und erntefrisch kaufen und rasch verwenden.
- Beim Putzen des Gemüses nur entfernen, was nicht zum Verzehr geeignet ist. In den Randschichten sitzen viele sekundäre Pflanzenstoffe und Vitamine.

- Gemüse direkt vor der Zubereitung putzen. Nicht wässern, sondern kurz, aber gründlich waschen, dann zerkleinern.
- Sofort weiterverarbeiten. Nicht zerkleinert stehen lassen. Für Salate das Gemüse sofort nach dem Zerkleinern mit Essig oder Zitronensaft marinieren.
- Gemüsespeisen erst kurz vor dem Verzehr zubereiten. Langes Warmhalten auf jeden Fall vermeiden. Besser zügig abkühlen lassen und dann wieder aufwärmen.
- Nährstoffschonend garen: Gemüse in wenig Wasser dünsten oder dämpfen, in Folie oder im Wok garen. Je größer die Flüssigkeitsmenge und je länger die Gardauer, desto größer sind die Auslaugverluste.
  Beim Kochen werden wasserlösliche Nährstoffe ausgeschwemmt. Die Garflüssigkeit daher für Soßen oder Suppen mitverwenden.
- Die Garzeit so kurz wie möglich halten. So werden die hitzeempfindlichen Vitamine geschont. Bissfest schmeckt Gemüse auch besser.
- Geeignetes Gemüse auch roh verzehren.
- Die meisten zarten Frühlingskräuter und -gemüse sind kaum lagerfähig. Für eine kurzfristige Aufbewahrung das Gemüse in abgetrennte Gemüsefächer im unteren Bereich des Kühlschranks geben. Licht- und luftundurchlässige Boxen halten das erste Grün länger frisch.
- Tiefkühlgemüse bleibt relativ reich an Vitaminen, wenn es möglichst erntefrisch eingefroren wird. Durch Blanchieren werden Farb- und Vitaminveränderungen vermindert.

Oxalsäure & Nitrat: Inhaltsstoffe mit zweifelhaftem Ruf

Das erste Grün bringt uns dank den vielen wertvollen Nähr- und Wirkstoffen im Frühjahr wieder in Schwung. Auf manche Inhaltsstoffe würden wir jedoch lieber verzichten. Doch die Natur packt uns auch Oxalsäure und Nitrat in Frühlingskräuter und -gemüse. Was ist zu beachten?

Oxalsäure – ein Kalziumräuber!

Oxalsäure kommt in vielen Pflanzen vor. Vergleichsweise hohe Mengen sind in Spinat, Sauerampfer oder Rhabarber zu finden.

Wer diese Gemüse isst, dessen Zähne fühlen sich anschließend meist stumpf und pelzig an. Das liegt daran, dass die Oxalsäure mit dem Mineralstoff Kalzium z. B. aus den Zähnen unlösliches Kalziumoxalat bildet, das an den Zähnen haften bleibt. Das so gebundene Kalzium ist dann für den Körper nicht mehr verfügbar. Schade darum, aber bei einer kalziumreichen Kost ist der „Verlust" nicht weiter schlimm.

Aus diesem Grund enthalten die traditionellen Rezepte von oxalsäurehaltigem Gemüse oft kalziumreiche Milch oder Milchprodukte – z. B. Spinat mit Rahm, Rhabarberkompott mit Vanillecreme. Nicht zuletzt sind die grünen Frühlingsgemüse auch selbst ganz ordentliche Kalziumlieferanten.

Die Wirkung von Oxalsäure ist für gesunde Menschen somit nur von geringer praktischer Bedeutung. Lediglich Menschen, die an Nierensteinen leiden oder litten, sollten grundsätzlich die Aufnahme von Oxalsäure begrenzen. Denn zusammen mit anderen Stoffen kann Oxalsäure zur Nierensteinbildung beitragen.

Nitratreiches Gemüse nicht aufwärmen!

Pflanzen enthalten Nitrat. Ohne Nitrat gäbe es kein Wachstum. Je nach der Höhe der Stickstoffdüngung, der Bodenbeschaffenheit, der Saison, der Qualität des Gießwassers, dem Erntezeitpunkt und der Pflanzenart sind die Nitratkonzentrationen im Gemüse verschieden. Viele der im frühen Frühling wachsenden Pflanzen speichern Nitrat.

Nitrat aus den Speisen kann durch Mundbakterien zu Nitrit umgebaut werden. Aus Nitrit wiederum können krebserregende Nitrosamine entstehen. Doch nur ein Bruchteil der Nitrate verwandelt sich in Nitrit und wiederum nur ein Bruchteil davon verbindet sich zusammen mit Eiweißprodukten zu den gefährlichen Nitrosaminen.

Die Einnahme von viel Vitamin C soll verhindern, dass sich diese Giftstoffe im Körper bilden. Freundlicherweise hat die Natur in nitratreichen Pflanzen gleich die „Puffersubstanz" Vitamin C mitgeliefert.

Tipps, den Nitratgehalt in Gemüse gering zu halten:

- Freilandgemüse enthält immer weniger Nitrat als Treibhausgemüse, da unter Sonneneinstrahlung das Nitrat teilweise abgebaut wird. Also statt Glashaussalat die Lust auf frisches Grün besser durch Wildkräuter und Frisches vom Garten decken.
- Umsichtig und auf jeden Fall drei Wochen vor der Ernte nicht mehr düngen. Optimal: Selbst gärtnern oder Gemüse aus biologischem Anbau kaufen. Denn Gemüse aus biologischem Anbau enthält deutlich weniger Nitrat als konventionell gezogenes.
- Bei Wildsammlung darauf achten, dass nicht kurz vor der Ernte die Fläche mit Mist oder Gülle gedüngt wurde.
- Stängel, Rippen und Strünke von nitratreichem Gemüse entfernen – das reduziert den Nitratgehalt von Gemüse deutlich.
- Gemüse blanchieren – damit verliert es 30 bis 50 % des Nitrats. Kochwasser wegschütten.
- Gerichte mit nitratreichem Gemüse weder warm halten noch aufwärmen.
- Vitamin C hemmt die Nitrosaminbildung, Carotinoide, Polyphenole und andere sekundäre Pflanzenstoffe wirken zusätzlich als Schutzfaktoren.

Sammeln von Wildpflanzen – eine Leidenschaft

Im Frühjahr liefert die Natur volle Erntekörbe mit würzigen Kräutern und Gemüse. Das Sammeln von Wildpflanzen kann zur wahren Leidenschaft werden, denn nichts ist schöner, als das frische Grün selbst zu ernten!

Aus Rücksicht auf die Natur und auf die eigene Gesundheit sollten Sie beim Sammeln von Wildpflanzen folgende Regeln unbedingt beachten:

- **Sammeln Sie nur Pflanzen, die Sie sicher kennen**
  Im Zweifelsfall fragen Sie eine kundige Person oder Sie vergewissern sich mithilfe geeigneter Bestimmungsbücher. Die Teilnahme an geführten Kräuterwanderungen erweitert die Artenkenntnis.

- **Ausrüstung zum Sammeln**
  Ein Korb oder eine luftige Tasche (Stoff oder Papier), eine Schere oder ein Messer, eventuell dünne Handschuhe.
- **Seien Sie wählerisch**
  Pflücken Sie nur junge Pflanzen, bei älteren Pflanzen nur die Triebe und Herzblätter verwenden. Nur gesunde Pflanzen ernten. Blätter, die Pilzbefall zeigen oder fleckig sind, können Magenbeschwerden verursachen.
- **Nicht überall drauflosernten**
  Vorsicht vor Pflanzen, die möglicherweise mit Pestiziden, Mineraldünger, Gülle oder Unkrautvernichtungsmitteln behandelt wurden – pflücken Sie daher nicht direkt neben Feldern oder Gemüsegärten. Vermeiden Sie auch Hundespazierwege und Orte mit hoher Umweltbelastung, z. B. Straßenränder oder Fabriksgelände.
- **Respekt für die Natur**
  Sammeln Sie nur Pflanzen, die an ihrem Standort in größerer Menge vorkommen. Pflücken Sie nur so viele Blüten, Blätter und Triebe, dass die Pflanze sich weitervermehren kann. Reißen Sie keine ganzen Pflanzen aus.
- **Ernten Sie nur, was Sie wirklich brauchen**
  Verwenden Sie die Kräuter und Wildgemüse möglichst frisch. Sammeln Sie daher nur so viel, wie Sie unmittelbar benötigen. Lassen Sie die wertvollen Pflanzen nicht im Kühlschrank verderben.

Der Erntekalender im Buchdeckel vorn zeigt Ihnen, wann Sie am besten auf „Wildpflanzen-Jagd" gehen. Im Rezeptteil (ab Seite 19) finden Sie genaue Standortbeschreibungen für die verschiedenen Wildkräuter und -gemüse.

Frühlingsgemüse und -kräuter aus dem Garten

Besonders bequem ist das Sammeln im eigenen Garten. Viele Wildpflanzen – etwa Löwenzahn, Veilchen, Gänseblümchen oder Brennnessel – siedeln sich ohnehin in fast jedem Garten an. Andere können einfach in den Garten geholt werden. Spezialgärtnereien bieten heimische Wildpflanzen als Samen oder Pflanze an. Auf Seite 143 finden Sie nützliche Adressen für Hobby- und Erwerbsgärtnerinnen und -gärtner.

Biologisch schmeckt's am besten

Um gut schmeckendes Gemüse zu erzeugen, sollte von Anfang an qualitätsvoll gearbeitet werden. Schon die Erde, in der die Gemüsepflanzen wachsen, muss gesund und lebendig sein. Denn die Produktionsweise beeinflusst den Geschmack und den Wert von Kräutern und Gemüse wesentlich. Daher empfehlen wir Ihnen, Ihr Gemüse selbst biologisch zu erzeugen oder es aus Bio-Anbau (Öko-Anbau) zu beziehen.

Was „Bio" bietet:

- Mehr Geschmack: Kunstdünger und Chemieeinsatz können sich negativ aufs Aroma auswirken.
- Mehr wertvolle Inhaltsstoffe: Aktuelle Untersuchungen zeigen höhere Gehalte an Vitaminen, Mineralstoffen und sekundären Pflanzenstoffen.
- Mehr Sicherheit: Bio-Gemüse hat wesentlich geringere Pestizidrückstände, die Nitratgehalte sind niedriger und nicht zuletzt verzichtet die biologische Landwirtschaft im gesamten Produktionsprozess – vom Saatgut bis zur Verarbeitung – auf Gentechnik.

Tipps zu den Rezepten

Im Rezeptteil finden Sie viele köstliche Gerichte mit Frühlingskräutern und -gemüse. Wir haben bewusst Zutaten verwendet, die überall erhältlich sind und viele der Rezepte sind für die schnelle Küche bestens geeignet. Das erste Grün soll Sie schließlich nicht nur an besonderen Festtagen, sondern jeden Tag kulinarisch in Schwung bringen.

Portionsangaben

Die Rezepte sind bis auf wenige Ausnahmen für vier Personen ausgelegt und können problemlos auf mehr oder weniger Portionen umgerechnet werden.

Gemüsemengen

Die Mengenangaben beziehen sich (mit Ausnahme der Saubohne) auf bereits geputztes Gemüse.

Schnelle Küche

Wenn Sie diese Angabe sehen, ist das Gericht in maximal einer halben Stunde am Tisch!

Nährwertangaben

Für Menschen, die Zahlen lieben, haben wir die Rezepte mit Nährwertangaben ergänzt. Beachten Sie: Diese Angaben sind relativ! Wer bei einer kalorienarmen Speise doppelt und dreifach zulangt, läuft Gefahr, die gleiche Energiemenge zu „verputzen“, wie jemand, der sich eine kleine Portion eines „sündigen“ Gerichtes gönnt.
Vergessen Sie das Kalorienzählen! Wer die Energiezufuhr drosseln möchte oder muss, tut gut daran, sich an ballaststoff- und kohlenhydratreichen Speisen satt zu essen – und da sind Gemüsegerichte ideal.
Für Diabetikerinnen und Diabetiker, die Broteinheiten berechnen:
12 g Kohlenhydrate = 1 BE.

Tipps & Variationen

Bei einigen Rezepten finden Sie nützliche Tipps zur Küchenpraxis und Anregungen zur einfachen Abänderung der Gerichte.

Abkürzungen

EL = Esslöffel
TL = Teelöffel
Msp. = Messerspitze
P. = Päckchen
g = Gramm (1000 g = 1 kg)
kg = Kilogramm
l = Liter
ml = Milliliter (1000 ml = 1 l)
kcal = Kilokalorien
kJ = Kilojoule
°C = Grad Celsius
cm = Zentimeter

Damit die Gerichte so richtig gut schmecken und gelingen, empfehlen wir, nur Zutaten aus kontrolliert biologischer Landwirtschaft zu verwenden.

Gemüse- und
Kräuterporträts
& Rezepttipps

Frisches Grün – mitten im Winter!

Vom Fensterbrett und Küchenkästchen

JÄNNER BIS MÄRZ

Chicorée

Chicorée stammt, wie auch die Endivie und der Zuckerhut, von der Wegwarte ab. Die Wurzeln finden schon seit Jahrhunderten für den Zichorienkaffee Verwendung. Etwa um 1870 entdeckte man in Belgien durch Zufall, dass die bleichen Austriebe der im warmen, dunklen Keller gelagerten Zichorienwurzeln besonders wohlschmeckend sind. Der Chicorée war erfunden.

Die Pflanze

Als Chicorée werden die etwa 15 bis 20 cm langen Sprossen der Blattzichorie bezeichnet. Die Sprossen sind 4 bis 5 cm dick, fest geschlossen und bestehen aus eng anliegenden, spitz zulaufenden, fleischigen Blättern. Die Farbe ist weiß mit hellgelben Spitzen. Roter Chicorée, eine hin und wieder angebotene Neuerung am Salatmarkt, ist die dekorative Kreuzung aus rotem Radicchio und weißem Chicorée.

Anbau im Garten & Treiben im Keller

Die Kultur von Chicorée ist zweigeteilt: Von Mitte Mai bis Anfang Juni wird Chicorée im Freiland ausgesät – Reihenabstand 30 bis 40 cm. Später auf 8 cm vereinzeln, damit sich kräftige Wurzeln ausbilden können. Im Oktober werden die Wurzeln ausgegraben und die Blätter ca. 3 bis 4 cm über dem Wurzelkopf abgeschnitten.

Die geernteten Wurzeln werden möglichst kühl gelagert. Je nach Bedarf in der Küche lässt man dann chargenweise Chicorée austreiben. Dazu werden die Wurzeln dicht nebeneinander stehend in Kunststoffkübel, die mit feuchtem Sand oder einfach mit Wasser gefüllt sind, gesteckt. Die Kübel entweder mit schwarzer Folie abdecken, einen zweiten Kübel darüber stülpen oder aber die Wurzeln an einen ganz dunklen Ort stellen (abgetrennter Teil des Kellers, fest geschlossenes Küchenkästchen). Es ist wichtig, dass kein Licht zu den Trieben gelangt, da sie sonst grün und bitter werden. Bei einer Temperatur von 16 bis 18 °C ist der Chicorée nach vier bis sechs Wochen erntereif.

Ernte & Lagerung

Wenn Chicorée nicht zu nahe an der Wurzel abgeschnitten wird, treibt er ein zweites Mal aus.

Chicorée ist sehr empfindlich. Schon nach wenigen Stunden am Licht verfärben sich die Triebspitzen grün und werden bitter. Druckstellen und Verletzungen werden schon nach kurzer Zeit rotbraun.

Dunkel in Papier eingewickelt sind Chicoréesprossen bis zu einer Woche im Kühlschrank haltbar.

Inhaltsstoffe & Heilwirkung

In den Wintermonaten ist Chicorée eine hervorragende Vitaminquelle. Er ist reich an Vitamin C, Folsäure, Carotinen und auch an den Mineralstoffen Magnesium, Kalium und Kalzium. Mit nur 16 kcal pro 100 g gehört Chicorée auch zu den kaloriensparendsten Gemüsen überhaupt. Chicorée enthält den Bitterstoff Lactucin, der die Verdauung fördert.

Verwendung

Chicorée wird sowohl roh als Salat als auch gedünstet, gebraten oder gratiniert verzehrt. Für Salate schneidet man ihn in Streifen und zum Dünsten halbiert man ihn der Länge nach.
Einmal geschnitten, sollte Chicorée rasch weiterverarbeitet werden, da er sich sonst verfärbt. Um ein Braunwerden zu verhindern, kann das geschnittene Gemüse mit etwas Zitronensaft beträufelt werden.
Das häufig praktizierte Auswässern nimmt dem Salat neben den Bitterstoffen leider auch Mineralstoffe und Vitamine und ist daher ungünstig.

Gartenkresse

Wenn von „Kresse" die Rede ist, meinen wir nahezu immer Gartenkresse. Daneben werden auch andere Kressearten – etwa die Brunnen- oder die Kapuzinerkresse – in der Küche verwendet.
Kresse ist ein beliebtes Würzkraut, das ganzjährig frisch angeboten wird. Am Fensterbrett gezogen ist sie das erste frische Grün des Jahres.

Die Pflanze

Die Gartenkresse ist ein Kreuzblütler.
Die einjährige Pflanze keimt und wächst sehr schnell. Sie wird rund 50 cm hoch, was kaum bekannt ist. Denn bei uns wird Kresse üblicherweise schon im Keimblattstadium geerntet.

Ziehen am Fensterbrett

Es ist sehr einfach, Kresse zum Keimen zu bringen. Als Keimgefäß eignet sich ein Teller oder eine flache Schale, der bzw. die mit Watte oder Küchenrollenpapier ausgelegt wird.

Watte bzw. Küchenrollenpapier gut anfeuchten und Kressesamen darauf streuen.
Kresse immer schön feucht halten! Am besten morgens und abends mit Wasser besprühen.
Nach 6 bis 7 Tagen ist die Kresse ca. 3 bis 4 cm hoch gewachsen: Erntezeit!
Mit der Schere jene Menge abschneiden, die gebraucht wird.

TIPP: ***Um ständig frische Kresse vorrätig zu haben, sollte man im Abstand von drei bis vier Tagen immer wieder neu aussäen.***

Inhaltsstoffe & Heilwirkung

Kresse ist besonders reich an Vitamin C, Eisen und Carotinen. Wie bei vielen anderen Kreuzblütengewächsen (schwarzem und weißem Senf, Kren, Rauke) sind auch bei Kresse Isothiocyanate (Senföle) und Thiocyanate für die Schärfe verantwortlich. Diese sekundären Pflanzenstoffe wirken antibakteriell.

Ein regelmäßiger Verzehr von Kresse kann Infektionen vorbeugen und bei der Heilung von Harnwegsinfektionen unterstützen.
Schon mit 10 bis 40 g Kresse pro Tag ist die therapeutisch wirksame Konzentration an Senfölen erreicht.

Verwendung

Gartenkresse schmeckt besonders pfeffrig, frisch und scharf – eben typisch kresseartig. Sie ist ein ideales Gewürzkraut fürs Butterbrot, für kalte Aufstriche und Salate. Die gehackten Blätter schmecken aber auch gut in Gemüsesuppen oder Gerichten mit Ei.

Sprossen & Keimlinge

Der Garten ist noch schneebedeckt, das Lagergemüse lockt nicht mehr wirklich? Höchste Zeit für frisches Grün von der Fensterbank! Keimlinge und Sprossen bringen seit Jahrtausenden geschmackvolle Frischkost auf den Speiseplan. Als Keimlinge bezeichnet man gekeimte Samen. Sprossen sind sie im nächsten Stadium, wenn sich grüne Blättchen gebildet haben.

Welche Samen eignen sich zum Keimen?

Knackige Keimlinge und Sprossen lassen sich besonders gut aus Getreide (Gerste, Weizen, Dinkel, Nackthafer, Hirse) und Hülsenfrüchten (z. B. Alfalfa, Linsen, Erbsen, Azukibohnen, Sojabohnen, Mungbohnen) ziehen. Auch Radieschen, Senf, Rettich, Buchweizen, Bockshornklee, Leinsamen und Sesamsaat ergeben köstliche Keimlinge oder Sprossen.
Verwenden Sie nur biologisches Saatgut zum Keimen – konventionelle Samen können mit Pestiziden behandelt sein.

Keimen am Fensterbrett

Es ist sehr einfach, Samen zum Keimen zu bringen. Die Körner werden über Nacht in reichlich Wasser eingeweicht, morgens gründlich durchgespült und ohne Wasser tagsüber stehen gelassen. Nur so viele Samen in das Keimgefäß geben, dass der Boden 2 bis 3 cm hoch bedeckt ist.
Von nun an täglich mehrmals durchspülen. Nach dem Spülen die Samen in einem Sieb gut abtropfen lassen.
Nach diesem Vorgang die Samen wieder zurück in das Keimgefäß schütten.

Das Gefäß eventuell mit einem luftdurchlässigen Stoff und einem Gummiring verschließen und umgedreht schräg auf einen Teller legen, damit das überschüssige Wasser ablaufen kann. Nach zwei bis drei Tagen haben sich Keimlinge gebildet. Vor dem Verzehr nochmals durchspülen.
Sauberes Arbeiten ist beim Keimen oberstes Gebot, denn im feuchten Medium kann sich Schimmel bilden. Bei Schimmelbesiedlung muss die ganze Kultur weg.
Als Keimgefäß eignet sich ein Einmachglas, das mit einem groben Gewebe (Gaze) verschlossen wird. Im Handel gibt es auch spezielle Schalen und Gefäße, in denen das Keimling- und Sprossenziehen besonders einfach ist.

KEIMGUT	KEIMDAUER	KEIMLING- BZW. SPROSSENLÄNGE	GESCHMACK
Getreidearten	4–6 Tage	0,5–3 cm	mild, süßlich
Alfalfa (Luzerne)	5 Tage	4–5 cm	herb–nussig
Linsen, Azukibohnen	3 Tage	1–2 cm	mild, süßlich
Kichererbsen	3 Tage	0,5–2 cm	nussig
Mungbohnen, Sojabohnen	5–6 Tage	4–5 cm	frisch–nussig, mild
Leinsamen	2 Tage	0,5 cm	nussig
Buchweizen	2–3 Tage	0,5–3 cm	mild
Sesam	1 Tag	1–2 mm	nussig
Radieschen, Senf, Rettich	3–6 Tage	3–5 cm	scharf, würzig

Lagerung

Im Kühlschrank können die fertigen Keimlinge und Sprossen zwei bis drei Tage aufbewahrt werden.

Inhaltsstoffe & Heilwirkung

Jedes Samenkorn enthält alle Nährstoffe, die zum Wachsen und Gedeihen einer neuen Pflanze notwendig sind. Wärme, Feuchtigkeit und Licht bringen die Samen zum Keimen – bei diesem Vorgang tut sich unglaublich viel im Korn: Innerhalb von Stunden vermehren sich die Enzyme um ein Vielfaches, bauen Nährstoffe um und synthetisieren u. a. essenzielle Aminosäuren. Auch der Gehalt an Vitaminen erhöht sich beim Keimen enorm.

Außerdem enthalten Keimlinge eine beträchtliche Menge Kalium, Kalzium, Phosphor, Magnesium und Zink. Da es sich bei Keimlingen um „Vollkorn" handelt, ist der Gehalt an Ballaststoffen und sekundären Pflanzenstoffen sehr hoch.
Übringens: Gekeimte Samen sind leichter verdaulich.

Verwendung

Süß, nussig, würzig oder scharf – Keimlinge und Sprossen sind sehr vielseitig. Roh passen sie in Müslis, Topfenspeisen, Salate, Aufstriche, auf belegte Brote, in Sandwiches und Suppen.
Sprossen und Keimlinge sind das ideale Gemüse für die schnelle Küche. In höchstens zwei bis drei Minuten sind sie gegart – daher immer erst ganz zuletzt zu heißen Gerichten geben, damit sie knackig bleiben.
Hülsenfruchtkeimlinge sollten vor dem Verzehr blanchiert – eine halbe Minute in kochendes Wasser getaucht und dann sofort kalt abgeschreckt – werden. Im rohen Zustand enthalten sie gesundheitsschädigende Stoffe.

Natur zum Löffeln und aufs Brot

Müsli mit Getreidekeimlingen

4 PORTIONEN

PRO PORTION: 270 kcal, 1130 kJ,
8 g Fett, 35 g Kohlenhydrate, 8 g Ballaststoffe

200 g Joghurt
2 EL Schlagobers
Zitronensaft
Zimt
1 EL Honig
2 Äpfel
5 EL Getreidekeimlinge
(Dinkel, Weizen, Roggen, Hafer ...)
1 EL Leinsamen
100 g getrocknete Früchte
(Marillen, Datteln, Rosinen ...)

Joghurt, Obers, Zitronensaft, Zimt und Honig verrühren.

Äpfel fein reiben, sofort untermischen.

Getreidekeimlinge und Leinsamen einrühren.

Mit geschnittenen Trockenfrüchten garnieren.

Apfel-Kresse-Aufstrich

4 PORTIONEN

PRO PORTION: 55 kcal, 230 kJ,
2 g Fett, 5 g Kohlenhydrate, 1 g Ballaststoffe

1 Apfel
120 g Topfen
2 EL Zitronensaft
1–2 Tassen Gartenkresse
Salz, evtl. Pfeffer

Apfel fein reiben, sofort mit Topfen, Zitronensaft und gehackter Kresse verrühren.

Würzen.

Gartenkresse-Nuss-Creme

4 PORTIONEN

PRO PORTION: 270 kcal, 1130 kJ,
24 g Fett, 7 g Kohlenhydrate, 1 g Ballaststoffe

80 g Walnüsse
80 g Pinienkerne
2 Tassen Gartenkresse
evtl. 1 Knoblauchzehe
Salz, Pfeffer

Walnüsse und Pinienkerne trocken goldgelb rösten, pürieren oder mörsern.

Nach und nach grob gehackte Kresse, nach Belieben zerdrückte Knoblauchzehe dazugeben.

Abschmecken.

Knackige Frühlingssalate

Chicorée-Fruchtsalat

4 PORTIONEN

PRO PORTION: 100 kcal, 420 kJ,
5 g Fett, 11 g Kohlenhydrate, 3 g Ballaststoffe

2 Chicorée
1 Apfel
1 Orange
1/2 Becher Joghurt
2 EL Sauerrahm
1/2 TL Curry
Salz
1 EL Zitronensaft
1/2 TL Honig
2 EL Walnüsse zum Bestreuen

Chicorée halbieren, waschen, den Strunk ausschneiden, die Blätter in feine Streifen schneiden. Obst in kleine Stücke zerteilen, zum Salat geben.

Joghurt, Rahm, Curry, Salz, Zitronensaft und Honig verrühren, über den Salat gießen.

Mit Walnüssen bestreuen.

VARIANTE: ***Reste von Brathuhn passen gut in diesen Salat.***

Chicorée mit Walnussvinaigrette

4 PORTIONEN

PRO PORTION: 110 kcal, 460 kJ, 10 g Fett, 3 g Kohlenhydrate, 2 g Ballaststoffe

3 Chicorée
2 EL Walnussöl
2 EL Weißweinessig
Zitronensaft
1/2 TL Honig
Salz
3 EL Walnüsse
1/2 Tasse Kresse

Chicoréeblätter in Streifen schneiden.

Mit einer Salatsoße aus Essig, Öl, Zitronensaft, Salz und Honig marinieren.

Geröstete Walnüsse und Kresse locker unterheben.

Schnelle Küche

Kresse-Sprossen-Salat mit Avocado

4 PORTIONEN

PRO PORTION: 140 kcal, 580 kJ,
11 g Fett, 6 g Kohlenhydrate, 3 g Ballaststoffe

200 g Sprossen (Alfalfa, Rettich, Radieschen)
1 Tasse Kresse
1 Apfel
1 Avocado
1 EL Zitronensaft
1 EL Apfelessig
1 EL Apfelsaft
2 EL Walnussöl
Salz

Sprossen und Kresse locker mischen.

Gewürfelten Apfel und gewürfelte Avocado mit Zitronensaft beträufeln, zum Salat geben.

Mit einer Salatsoße aus Essig, Apfelsaft, Öl und Salz übergießen.

Sprossensalat mit Ei

4 PORTIONEN

PRO PORTION: 200 kcal, 840 kJ,
15 g Fett, 6 g Kohlenhydrate, 3 g Ballaststoffe

Schnelle Küche

**250 g Sprossen
(Azuki-, Mung-, Sojabohnen, Linsen, Alfalfa ...)
2 Karotten
1 Knoblauchzehe
frischer Ingwer
1 EL Apfelessig
2 EL Sonnenblumenöl
1/2 TL Honig
1 EL Sojasoße
Chili
3 EL Walnüsse
3 Eier, hart gekocht**

Sprossen in heißem Wasser blanchieren, sofort kalt abschrecken.

Karotten grob raspeln.

Aus gehacktem Knoblauch sowie Ingwer, Essig, Öl, Honig, Sojasoße und Chili eine Salatsoße rühren, über den Salat gießen, gut durchziehen lassen.

Mit geviertelten Eiern und grob gehackten Walnüssen garnieren.

Weißkraut-Kresse-Salat

4 PORTIONEN

PRO PORTION: 110 kcal, 460 kJ,
6 g Fett, 8 g Kohlenhydrate, 4 g Ballaststoffe

Schnelle Küche

**1/2 Weißkrautkopf
2 Tassen Gartenkresse
100 g Sprossen
1 Zwiebel
1 Knoblauchzehe
2 EL Weißweinessig
2 EL Sonnenblumenöl
1/2 Becher Joghurt
Senf
Salz, Pfeffer**

Kraut fein hobeln oder schneiden, Kresse, Sprossen und ringelig geschnittene Zwiebel dazugeben.

Mit der Salatsoße aus zerdrücktem Knoblauch, Essig, Öl, Joghurt, Senf und Gewürzen marinieren.

Bunter Wintersalat mit Kresse

Schnelle Küche

4 PORTIONEN

PRO PORTION: 150 kcal, 630 kJ,
3 g Fett, 17 g Kohlenhydrate, 7 g Ballaststoffe

2 Karotten
1 Rote Rübe
1 Apfel
1 Tasse Gartenkresse
100 g Weizenkeimlinge
1–2 EL Zitronensaft
2 EL Sauerrahm
2 EL Joghurt
1 TL Kren, gerieben
Salz, Pfeffer

Karotten, Rote Rübe und Apfel raspeln.

Gartenkresse und Weizenkeimlinge locker untermischen.

Mit einer Salatsoße aus Zitronensaft, Sauerrahm, Joghurt, Kren und Gewürzen übergießen.

Aus dem Suppentopf

Chicoréesuppe

Schnelle Küche

4 PORTIONEN

PRO PORTION: 150 kcal, 630 kJ,
12 g Fett, 6 g Kohlenhydrate, 2 g Ballaststoffe

20 g Rohrohrzucker
20 g Butter
1 Schalotte
500 ml Gemüse- oder Hühnersuppe
3 Chicorée
1 Schuss Weißwein
50–100 ml Orangensaft
Salz, Pfeffer
1/2 Becher Schlagobers

Zucker in Butter leicht bräunen – karamellisieren.

Gehackte Schalotte dazugeben, mit Suppe aufgießen.

Chicoréeblätter grob schneiden. Chicorée, Wein und Orangensaft zur Suppe geben, 20 Minuten köcheln lassen.

Pürieren, abschmecken, mit Obers legieren.

Käsesuppe mit Gartenkresse

4 PORTIONEN

PRO PORTION: 330 kcal, 1380 kJ,
22 g Fett, 8 g Kohlenhydrate, 1 g Ballaststoffe

Schnelle Küche

2 Schalotten
1 Knoblauchzehe
20 g Butter, 2 EL Mehl,
250 ml Milch
500 ml Gemüse-, Rinds- oder Hühnersuppe
125 ml Weißwein
100 g milder Bergkäse
100 g Gorgonzola
2 Tassen Gartenkresse
Salz, Pfeffer

Schalotten und Knoblauch fein hacken, in Butter glasig anlaufen lassen, mit Mehl stauben. Milch, Suppe und Wein aufgießen, mit einem Schneebesen kräftig durchrühren. Aufkochen lassen.

Geriebenen Bergkäse und zerbröckelten Blauschimmelkäse einrühren und unter Rühren in der Suppe zum Schmelzen bringen. Fein gehackte Kresse einrühren, abschmecken, rasch servieren.

Hauptsache (in) Grün

Chicorée aus dem Wok

4 PORTIONEN

PRO PORTION: 130 kcal, 540 kJ,
10 g Fett, 4 g Kohlenhydrate, 2 g Ballaststoffe

Schnelle Küche

2 Chicorée
2 Zwiebeln
60 g Speck
2 EL Öl
1 kl. Stück frischer Ingwer
4 EL Wasser oder Suppe
2 EL Balsamessig
Pfeffer, Salz
1 TL Honig
evtl. 1 EL Tomatenmark

Chicorée in breite Streifen schneiden. Zwiebeln und Speck würfeln.

Das Öl in Pfanne oder Wok erhitzen, Zwiebeln und Speck anbraten, Chicorée und gehackten Ingwer unter ständigem Rühren 2 Minuten mitbraten, mit Wasser oder Suppe aufgießen, weitere 2 Minuten köcheln lassen, mit den restlichen Zutaten würzen und zu Reis servieren.

Gebratener Chicorée

4 PORTIONEN

PRO PORTION: 100 kcal, 420 kJ,
10 g Fett, 1 g Kohlenhydrate, 2 g Ballaststoffe

4 Chicorée
4 EL Olivenöl
Salz, Pfeffer
Zitronensaft
3 EL Wasser
Petersilie zum Bestreuen

Chicorée der Länge nach halbieren, in Öl rundherum leicht anbraten. Mit Salz, Pfeffer und Zitronensaft würzen, 3 EL Wasser aufgießen, zugedeckt fertig dünsten.

Mit gehackter Petersilie bestreuen.

Gebratenen Chicorée als leichte Beilage oder lauwarm als Vorspeise servieren.

VARIANTE: ***Chicorée in 40 g Butter und 1 EL Honig karamellisieren, mit einer fruchtigen Beerenauslese aufgießen, fertig dünsten und mit Salz, Pfeffer und Zitronensaft abschmecken.***

Überbackener Chicorée

4 PORTIONEN

PRO PORTION: 220 kcal, 920 kJ,
20 g Fett, 2 g Kohlenhydrate, 2 g Ballaststoffe

4 Chicorée
Salz
Saft einer halben Zitrone
20 g Butter
1/2 Becher Schlagobers
Pfeffer
100 g Blauschimmelkäse

Chicorée putzen, halbieren und in wenig Salz-Zitronensaft-Wasser 5 Minuten dünsten.

Eine feuerfeste Form buttern, Chicorée einlegen, Obers und Käse darüber leeren bzw. legen.

Im Backrohr bei 190 °C überbacken.

Dazu passen Brot oder Kartoffeln.

Risotto mit Chicorée

4 PORTIONEN

PRO PORTION: 400 kcal, 1680 kJ,
17 g Fett, 52 g Kohlenhydrate, 3 g Ballaststoffe

1 kleine Zwiebel, 2 EL Olivenöl
250 g Risotto- oder Rundkornreis
1,5 l Gemüse- oder Geflügelsuppe

20 g Butter, Parmesan, Salz, Pfeffer

3 Chicorée, 2 EL Olivenöl
125 ml Gemüse- oder Geflügelsuppe
1 Schuss Weißwein
Salz, Pfeffer

Petersilie zum Bestreuen

Zwiebel hacken, in Olivenöl glasig anlaufen lassen, Reis zugeben, durchrühren. 125 ml heiße Suppe angießen, den Reis unter ständigem Rühren darin köcheln. Wenn die Flüssigkeit aufgesogen ist, wieder 125 ml Suppe angießen, unter Rühren köcheln etc. So viel Suppe zugießen, bis der Reis cremig ist – das dauert ca. 20 bis 30 Minuten. Danach Butter und geriebenen Parmesan unterrühren, abschmecken.
Chicorée grob schneiden oder der Länge nach vierteln, in Olivenöl dünsten, bis er leicht gebräunt ist, mit Wein und Suppe aufgießen, ca. 5 Minuten köcheln lassen. Chicorée über den angerichteten Reis geben. Soße darüber gießen, mit Petersilie bestreut servieren.

VARIANTE: ***Für Risotto mit Kresse den Reis wie beschrieben zubereiten. Nach der halben Garzeit Karottenwürfel, ringelig geschnittenen Lauch und zuletzt auch Tiefkühlerbsen dazugeben. Kurz vor dem Servieren geriebenen Parmesan und reichlich fein gehackte Kresse unterheben.***

Eiernockerln mit Gartenkresse

4 PORTIONEN

PRO PORTION: 590 kcal, 2480 kJ,
25 g Fett, 64 g Kohlenhydrate, 11 g Ballaststoffe

NOCKERLTEIG:
400 g (Vollkorn-)Mehl
3 Eier
250 ml Milch
Salz

40 g Butter
4–5 Eier
Salz, Pfeffer
1–2 Tassen Kresse

Alle Nockerlzutaten zu einem glatten Teig verrühren, eine halbe Stunde rasten lassen.

Nockerln in reichlich Salzwasser mit Nockerlschlitten, -sieb oder Teigkarte einkochen.

Wenn die Nockerln schwimmen, abseihen, heiß abspülen.

In einer großen Pfanne in zerlassener Butter schwenken.

Eier verquirlen, salzen, pfeffern und über die Nockerln gießen.

Wenn die Eier beginnen, fest zu werden, die Eiernockerln mit Kresse vermischen und sofort servieren.

Penne mit Tomaten und Kresse

4 PORTIONEN

PRO PORTION: 490 kcal, 2050 kJ,
13 g Fett, 77 g Kohlenhydrate, 4 g Ballaststoffe

400 g Penne, Salz
3 Knoblauchzehen, Chili
4 EL Olivenöl
200 g passierte oder gewürfelte Tomaten (aus Flasche oder Dose)
Pfeffer, 1–2 Tassen Kresse, Pecorino

Die Nudeln in Salzwasser bissfest kochen.
Inzwischen gehackten Knoblauch und Chili in Olivenöl kurz anbraten, mit Tomaten aufgießen, würzen und kurz köcheln lassen. Die abgetropften Nudeln darin schwenken.
Kresse untermischen und mit reichlich Pecorino servieren.

Palatschinken mit Sprossengemüse

4 PORTIONEN

PRO PORTION: 360 kcal, 1500 kJ,
20 g Fett, 26 g Kohlenhydrate, 8 g Ballaststoffe

PALATSCHINKENTEIG:
250 ml Milch, 1–2 Eier
120 g (Vollkorn-)Mehl, Salz

Öl oder Butterschmalz zum Ausbacken

FÜLLE:
2 Zwiebeln, 1 Knoblauchzehe
3 Karotten, 200 g Champignons
200 g Chinakohl
1 kl. Stück Chili, 4 EL Olivenöl
150 g Sprossen (Kichererbsen, Linsen, Sojabohnen, Mungbohnen ...)
125 ml Weißwein, 1 EL Sojasoße
1 TL Kartoffelmehl, 1 EL Wasser
Salz, 2 EL Kokosmilch

Alle Zutaten gut verrühren, 20 Minuten rasten lassen.
1 EL Öl oder Butterschmalz in einer Pfanne erhitzen, Palatschinkenteig dünn einlaufen lassen und beidseitig goldgelb backen. Den ganzen Teig nach und nach zu Palatschinken backen.
Zwiebeln und Knoblauch hacken.
Karotten grob raspeln, Champignons blättrig schneiden, Chinakohl in breite Streifen schneiden. Zwiebeln, Knoblauch, das Gemüse und den gehackten Chili in Olivenöl unter Rühren braten, zuletzt die Sprossen kurz mitbraten.
Mit Wein und Sojasoße aufgießen.
Kartoffelmehl in 1 EL kaltem Wasser anrühren, zum Gemüse geben und aufkochen lassen. Mit Salz und Kokosmilch abschmecken.
Palatschinken mit dem Sprossengemüse füllen.

VARIANTE: ***Das Sprossengemüse einfach zu Reis servieren.***

Sprossensoufflé

4 PORTIONEN

PRO PORTION: 280 kcal, 1170 kJ,
11 g Fett, 26 g Kohlenhydrate, 3 g Ballaststoffe

- 120 g Hirse
- 250 ml Gemüsesuppe oder Wasser
- 2 Zwiebeln
- 2 Knoblauchzehen
- 1 EL Sonnenblumenöl
- 250 g Sprossen (Alfalfa, Mungbohnen, Rettich …)
- 2 Eidotter
- 100 g Magertopfen
- 2 Eiklar
- 50 g Parmesan
- Salz, Pfeffer
- Sprossen zum Garnieren

Hirse heiß abspülen, in der Gemüsesuppe oder gesalzenem Wasser ca. 15 Minuten köcheln lassen.

Zwiebeln und Knoblauch hacken, in Öl glasig anlaufen lassen. Sprossen dazugeben und kurz mitbraten, würzen.

Eidotter, Topfen und Sprossen unter die Hirse mischen, zuletzt steif geschlagenen Eischnee und geriebenen Parmesan unterheben. Abschmecken. In einer befetteten Auflaufform bei 180 °C 45 Minuten backen.

Mit frischen Sprossen garnieren.

Überbackenes Kohl-Sprossen-Gemüse

4 PORTIONEN

PRO PORTION: 230 kcal, 960 kJ,
16 g Fett, 7 g Kohlenhydrate, 4 g Ballaststoffe

- 500 g Kohl
- 20 g Butter
- 200 g Sprossen (Mungbohnen, Azukibohnen, Radieschen …)
- Salz, Pfeffer
- 100 g alter Gouda
- 3 EL Walnüsse zum Bestreuen

Kohl putzen, grob schneiden, in Butter und wenig Wasser 10 Minuten andünsten.

Sprossen 2 Minuten mitdünsten, Gemüse mit Salz und Pfeffer würzen, in eine Auflaufform schichten.

Mit geriebenem Käse und gehackten Nusskernen bestreuen.

Bei 210 °C im vorgeheizten Rohr ca. 5 bis 8 Minuten überbacken.

Die allerersten Frühlingsboten

Kaum ist der Schnee weg …

MÄRZ BIS APRIL

Die jungen Wilden

Bärlauch

Ab März duften die Wälder und Auen nach Knoblauch. Der Grund dafür ist Bärlauch – seinem Geruch gemäß auch Hundsknofel, Wilder Knoblauch, Waldknoblauch oder Hexenzwiebel genannt. Zu der Zeit, da noch Braunbären unsere Wälder bevölkerten, sollen sie angeblich, kaum aus dem Winterschlaf erwacht, Bärlauchblätter in großen Mengen verspeist haben. Die Kräuter haben den Tieren geholfen, ihren Kreislauf wieder anzukurbeln und zu kräftigen. Daher stammt auch der Name „Bärlauch".

Die Pflanze

Bärlauch zählt, wie auch Schnittlauch oder Knoblauch, zu den Liliengewächsen. Bereits im März kommen die leuchtend grünen, längs genervten Blätter aus dem Boden. Meist wachsen zwei Blätter aus einer Zwiebel heraus. Die Blätter haben einen deutlich erkennbaren Blattstiel, die Blattunterseite ist matt, die Mittelrippe des Blattes ist klar erkennbar. Im April kommt ein langer Blütenstängel nach, der einen weißen, doldenartigen Blütenstand aus kleinen, sternförmigen Blüten trägt. Die ganze Pflanze – Zwiebel, Blätter und Blüten – riecht stark nach Knoblauch.

Standort

Bärlauch wächst in Laub- und Mischwäldern, in Auen und an Bächen. An seinen Standorten breitet er sich meist teppichartig aus.

Anbau im Garten

Bärlauch wird ab September bis März an schattigen, feuchten Plätzen ausgesät. Die Keimung erfolgt erst nach den Winterfrösten. Das Saatgut kann direkt von den wild gesammelten Pflanzen gewonnen werden. Eine zweite Möglichkeit, Bärlauch im Garten zu kultivieren, ist das Verpflanzen der im Wald ausgegrabenen Zwiebeln.

Ernte & Lagerung

Vom Bärlauch kann alles – Blätter, Blüte und Zwiebel – verwendet werden. Die Blätter werden am besten vor der Blüte – von März bis Mai – geerntet. Dann sind sie am zartesten und geschmackvollsten. Die Zwiebel wird im Herbst geerntet. Bärlauchblätter sind im Kühlschrank nur wenige Tage haltbar.

Vorsicht vor Verwechslung!

Leider wird Bärlauch immer wieder mit den Blättern des giftigen Maiglöckchens oder der äußerst giftigen Herbstzeitlose verwechselt. Achten Sie daher beim Sammeln auf die eindeutigen Erkennungsmerkmale. Herbstzeitlosenblätter sind auf Wiesen zu finden, Bärlauch wächst nur in Wald und Auen. Zudem sind Herbstzeitlosenblätter fleischiger und stiellos. Ein deutliches Unterscheidungsmerkmal zwischen Maiglöckchen und Bärlauch ist die Blattunterseite: Die von Bärlauchblättern ist matt, während Maiglöckchenblätter unten glänzen.

Ein ganz einfaches und sicheres Unterscheidungsmerkmal ist auf jeden Fall der Duft: Nur Bärlauch riecht stark nach Knoblauch.

Inhaltsstoffe & Heilwirkung

Bärlauch ist reich an Vitamin C. Der Eisengehalt des Bärlauchs übertrifft den des Knoblauchs und auch wichtige Spurenelemente wie Magnesium und Mangan sind in höherer Konzentration enthalten. Kräuterkundige schätzen die Heilwirkung von Bärlauch. Durch seine desinfizierende Wirkung im Darmbereich eignet er sich hervorragend für eine „Frühjahrskur". Bärlauch wirkt antibakteriell, harntreibend, entblähend und verdauungsfördernd. Er stoppt Entzündungen, lindert chronische Hautausschläge, senkt den Cholesterinspiegel und schützt vor Krebserkrankungen. Früher wurde Bärlauch als Entwurmungsmittel eingenommen.

Verwendung

Bärlauchblätter können sowohl roh als auch gegart verzehrt werden. Roh sind sie würziger und schärfer. Bärlauch kann als Geschmackszutat anstelle von Knoblauch und Zwiebeln verwendet werden. Er ist leichter verträglich.

Die Blätter werden unter Frühlingssalate oder Kartoffelsalat gemischt bzw. klein geschnitten aufs Butterbrot gelegt. Fein gehackt schmeckt Bärlauch als Würze in Topfenaufstrichen, Salatsoßen und Pesto. Bärlauch kann wie Spinat auch schonend gedünstet werden und in Quiches oder pikanten Strudelfüllungen für mehr Geschmack sorgen. Gut passt Bärlauch in die Suppe, zu Kartoffeln, zu Nudeln, in Knödeln, zu Omeletten und als geschmackgebende Zutat zu allen Speisen, die man ansonsten mit Petersilie verbessert.

Brennnessel

Die Brennnessel hat eine lange Tradition als „Spinat-Pflanze". Doch nicht nur in kulinarischer Hinsicht, auch als Heilpflanze war und ist die Brennnessel beliebt. Bis zur Einführung der Baumwolle spielte die Pflanze hierzulande sogar zur Fasergewinnung eine wichtige Rolle.

Die Pflanze

Wie der Name sagt, braucht man die Brennnessel nur anzufassen, um sie zu erkennen. Die Große Brennnessel ist eine ausdauernde, krautartige Pflanze mit Brennhaaren auf Blättern und Stängel. Die Pflanze kann über einen Meter hoch werden. Die Blätter sind kräftig grün, am Rand dreieckig gezähnt und sitzen auf kurzen Stielen gegenständig auf dem vierkantigen Stängel. Die Blüten sind unscheinbar, grün und bilden verzweigte, traubenartige Blütenstände.

Eine Verwechslungsmöglichkeit besteht mit der Kleinen Brennnessel, einer einjährigen Pflanze, was nicht weiter schlimm ist, denn auch diese Pflanze ist genießbar.

Standort

Auf nährstoffreichen Plätzen – ehemalige Mist- oder Tierauslaufplätze, auf Weiden, im Schwemmland an Ufern und Flussauen, in Schluchten.

Anbau im Garten

Die Kultivierung im Garten erfolgt durch Aussaat Ende April bis Anfang Mai oder durch Auspflanzen von Ausläufern. Da sich die Brennnessel ohnehin gerne an nährstoffreichen Böden ansiedelt, genügt es meist, die Pflanzen nicht als Unkraut auszureißen, um sie im Garten frisch verfügbar zu haben.

Ernte & Lagerung

Nur die Triebspitzen mit den ersten vier Blättern pflücken. Sie schmecken am feinsten. Es empfiehlt sich zur Ernte Handschuhe zu tragen, um sich nicht zu verbrennen. Die Ernte beginnt ab Februar/März. Die frisch nachgewachsenen Pflänzchen können das ganze Jahr über geerntet werden. Blanchiert können Brennnesseln tiefgefroren werden. Getrocknete Brennnesselblätter werden als Küchengewürz oder Tee verwendet.

Inhaltsstoffe & Heilwirkung

Die Brennnessel ist reich an Vitaminen (> 300 mg Vitamin C/100 g Frischgemüse! Spinat und Orangen enthalten im Vergleich dazu „nur" ca. 50 mg) und Mineralstoffen (v. a. Eisen, Magnesium, Kalzium). Die Blätter sind auch besonders reich an Chlorophyll, Flavonoiden und weiteren sekundären Pflanzenstoffen. Diese dürften auch für die harntreibende, entgiftende Wirkung, die die Volksmedizin der Brennnessel zuschreibt, verantwortlich sein.

Der Konsum der Großen Brennnessel wird bei Arthritis und rheumatischen Beschwerden ebenso wie bei Müdigkeit und Erschöpfungszuständen empfohlen.

Verwendung

Die jungen Blätter werden roh als Frühlingssalat und Brotaufstrich verwendet. Sind die Brennnesseltriebe nicht mehr ganz jung, sollten die Blättchen auf jeden Fall mit heißem Wasser übergossen werden, um die Nesselgiftstoffe zu zerstören. Gegart wird die Brennnessel wie Spinat verwendet und kommt als Suppe, Gemüse, in Omeletten, Aufläufen, Quiches etc. auf den Tisch. Da Brennnessel ein Nitratsammler ist, die Gerichte nur frisch verzehren und nicht mehr aufwärmen.

Löwenzahn

Löwenzahn wird seit dem Mittelalter als Heil- und Gemüsepflanze geschätzt. Den Namen verdankt die Pflanze der Form ihrer Blätter, die mit Phantasie an ein Löwengebiss erinnern. Die Maiblume, auch so wird Löwenzahn genannt, ist zudem eine Augenfreude. Ab April verwandelt der Löwenzahn Wiesen und Weiden in leuchtende sattgelbe Blütenmeere, die schließlich zu weißen Pusteblumen werden.

Die Pflanze

Auf einem starken Wurzelstock mit Pfahlwurzel sitzt eine grundständige Blattrosette mit lanzettförmigen, unregelmäßig ausgebuchteten, unbehaarten Blättern. Der blattlose Blütenstängel entspringt im Zentrum der Blattrosette, ist röhrig und ca. 10 bis 30 cm hoch. Die Blüten sind intensiv gelb, nach der Blüte entwickeln sich die typischen „Pusteblume-Kugeln". Die ganze Pflanze enthält einen weißen Milchsaft, der bitter schmeckt. Vom Löwenzahn sind übrigens mehr als 1000 Unterarten bekannt.

Verwechslungsgefahr besteht mit ähnlich aussehenden Korbblütlern. Hauptunterscheidungsmerkmal sind die unbehaarten Blätter und die große Blütenknospe in der Mitte der Blattrosette. Glücklicherweise ist keiner der „Doppelgänger" giftig.

Standort

Löwenzahn ist fast überall zu finden: auf Wiesen, Weiden und Brachen, an Wegrändern – sogar auf über 3000 m Seehöhe in den Bergen.

Anbau im Garten

Die Kultur von Löwenzahn ist zweijährig. Die Aussaat erfolgt im März/April ins Freiland; Reihenabstand: 30 cm. In der Reihe auf 10 bis 15 cm vereinzeln. Im Herbst werden die Pflanzen mit ca. 20 cm Erde angehäufelt. Geerntet wird dann im darauf folgenden Frühjahr – von Februar bis April.

Treiben im Keller

Die Wurzeln im November ausgraben und die Blätter ca. 2 cm über der Wurzel abschneiden. Bei einer Temperatur von 0 bis 5 °C und hoher Luftfeuchtigkeit im Keller lagern. Je nach Bedarf die Wurzeln in Kübeln senkrecht stehend dicht nebeneinander einschlichten, dazwischen Sand und Wasser gießen. Im Dunkeln (im Küchenkästchen oder mit Mulchfolie abgedeckt) bei 14 bis 18 °C austreiben lassen. Nach drei bis vier Wochen kann geerntet werden.

Ernte & Lagerung

Die Blätter vom wild wachsenden Löwenzahn können ab März bis in den Herbst geerntet werden. Am besten werden die Rosetten knapp unter dem Blattansatz mit dem oberen Wurzelteil „ausgestochen", sodass die Blattrosette nicht auseinander fällt. Wenn öfter geerntet werden soll, die Blätter vom Rand her laufend einzeln abpflücken. Je jünger die Blätter sind, desto zarter ist der Geschmack. Im Kühlschrank sind die Blätter zwei bis drei Tage haltbar.

Die Blüten vom Löwenzahn werden im April und Mai gezupft. Nach der Blüte sind die Blätter zum Teil bitter. Allzu bittere Blätter können durch kurzes Einlegen in Wasser entbittert werden. Die Wurzeln werden nahezu ganzjährig geerntet.

Inhaltsstoffe & Heilwirkung

Löwenzahnblätter sind reich an Vitaminen, Mineralstoffen und sekundären Pflanzenstoffen. Besonders Eisen, die Vitamine C, E, Betacarotin und Phenole sind in hoher Dichte enthalten. Der Gehalt an der Vitamin-A-Vorstufe Betacarotin übertrifft sogar den

von Karotten. Die Wurzeln von Löwenzahn sind reich an Ballaststoffen und Inulin, einem von Diabetikerinnen und Diabetikern gut vertragenen Kohlenhydrat.
In der Naturheilkunde wird Löwenzahn zur Stärkung der Leber und zur Blutreinigung verwendet. Die wassertreibende, leicht abführende Wirkung von Löwenzahn unterstützt eine Frühjahrskur und ist Grund für den französischen Namen „pisse-au-lit", was so viel wie „Bettnässer" heißt. Die im Löwenzahn enthaltenen Bitterstoffe wirken appetitanregend und fördern Verdauung und Gallenfluss. Der Blütenstaub ist ein Stärkungsmittel, unterstützt die Immunabwehr und hilft bei Erkältungen.

Verwendung

Löwenzahn ist der erste „Freilandsalat" im Jahr. Die Blätter passen aber nicht nur in die Salatschüssel, auch als Suppe und Gemüse schmeckt der leicht bittere Löwenzahn herrlich. Die Blütenknospen werden wie Kapern eingelegt. Blüten finden als Tee, Gelee oder „Löwenzahnhonig" Verwendung. Die Wurzeln vom Löwenzahn kann man roh oder gegart essen. In Japan etwa werden sie in Öl gebraten mit Sojasoße verzehrt. Geröstet und gemahlen sind die Wurzeln – wie auch die Zichorienwurzeln – ein Kaffeeersatz.

Die erste Ernte aus dem Garten

Spinat

Spinat schmeckt gut und hat einen hohen Gesundheitswert. Die Franzosen nennen ihn aufgrund seiner positiven Wirkung auf Magenschleimhaut und Galle „Besen des Magens". Auch der Seemann Popeye schwört auf Spinat. Doch allein vom hohen Eisengehalt kann er seine Kraft nicht beziehen. Dieser ist nämlich eine Legende und beruht auf einem Übertragungsfehler: In den 90er-Jahren des 18. Jahrhunderts ermittelte der Forscher Gustav von Bunge den Eisengehalt von Spinat. Die von ihm veröffentlichten Werte übertrug man dann jahrzehntelang in die gängigen Lebensmittel-Nährwerttabellen. Was man übersah: Von Bunge untersuchte getrockneten Spinat und nicht frischen. Statt 40 mg Eisen in 100 g Spinat sollte es tatsächlich rund 4 mg Eisen heißen.

Die Pflanze

Spinat gehört zu den Gänsefußgewächsen. Die Pflanze bildet eine Blattrosette, doch sobald es länger als 10 bis 14 Stunden hell ist pro Tag, beginnt Spinat zu schossen und zu blühen. Daher gibt es vor allem Frühjahrs- und Wintersorten. Blühender Spinat schmeckt bitter.

Anbau im Garten

Die Aussaat erfolgt je nach Sorte satzweise von März bis Mai. Für die Herbsternte und fürs Überwintern wird von August bis September gesät – Reihenabstand: 20 bis 30 cm, Saattiefe: 2 bis 3 cm. Nach der Aussaat die Erde gut festdrücken. Spinat keimt sehr rasch.

Ernte & Lagerung

Für Salat werden die fingerhohen Blätter geerntet. Zum Garen schneidet man die größeren Blätter. Wenn Sie bei der Ernte darauf achten, dass das Herz der Pflanze erhalten bleibt (Schnitt ca. 2 cm über dem Boden), ist ein mehrmaliges Ernten möglich.

Spinat ist sehr empfindlich – nicht länger als zwei Tage im Kühlschrank aufbewahren. Blanchiert eignet sich Spinat gut zum Tiefkühlen.

Inhaltsstoffe & Heilwirkung

Spinat hat einen hohen Eisengehalt (wenn auch nicht so hoch, wie viele noch immer glauben!) und ist ebenso reich an Magnesium, Kalium und Kalzium. An Vitaminen liefert Spinat vor allem B2, B6, Folsäure und auch Vitamin C. Der Gehalt an Carotinoiden – sie wirken als Antioxidantien, stimulieren die Immunabwehr, können die Haut vor den gefährlichen UV-Strahlen schützen und sie beugen vielen Krebsarten vor – ist beträchtlich. Leider reichert Spinat auch Nitrat und Oxalsäure an. Den Nitratgehalt kann man allerdings durch Blanchieren enorm reduzieren.

Verwendung

Spinat möglichst frisch nach der Ernte zubereiten. Beim Putzen die groben Stiele wegschneiden – sie sind der nitratreichste Teil. Da das enthaltene Nitrat sich beim Erhitzen in Nitrit umwandeln kann, sollte Spinat nicht aufgewärmt werden.
Verwenden lässt sich der erste Frühlingsbote in der Küche äußerst vielseitig: Frühlingsspinat hat sehr zarte Blätter, die roh gut als Salat schmecken. Spinat kommt gegart in Füllungen von Strudeln, Tascherln, Lasagne, in pikante Kuchen oder in Aufläufe. Auch als Gemüsebeilage (Blatt- oder Cremespinat) kommt Spinat auf den Tisch.
Gerne wird Spinat auch zum Färben von Nudeln, Knödeln, Nockerln und von Ostereiern verwendet.

Vogerlsalat

Vogerlsalat ist in Deutschland als Feld- oder Ackersalat und auch als Rapunzel bekannt. In der Schweiz heißt er Nüsslisalat, ein Name, der wohl auf das nussartige Aroma des Salats hinweisen soll.

Die Pflanze

Vogerlsalat gehört zur Familie der Baldriangewächse und ist damit weder mit den üblichen Kopfsalaten noch mit den Zichorien verwandt. Die Pflanze ist frostfest. Sie besteht aus kleinen Blattrosetten zu je 5 bis 20 Blättern. Man unterscheidet zwei Sorten – eine schnellwüchsige, hellgrüne mit größeren Blättern und eine dunkelgrüne, kleinere Sorte, die langsamer wächst und aromatischer schmeckt.

Anbau im Garten

Die Aussaat von Vogerlsalat erfolgt breitwürfig oder in Reihen (Abstand 10 bis 15 cm) im August für die Herbsternte und ab September für den Winter- bzw. Frühjahrsbedarf. Eine Abdeckung mit Folie oder Reisig ermöglicht eine Ernte auch bei Schnee im Winter.

Ernte & Lagerung

Die Ernte ist an frostfreien Tagen den ganzen Winter über möglich. Zur Ernte werden die ganzen Blattrosetten mit einem Messer ausgestochen.

Vogerlsalat ist sehr empfindlich. Die zarten Blätter welken rasch. Im Gemüsefach des Kühlschranks hält er jedoch einige Tage frisch.

Inhaltsstoffe & Heilwirkung

Der angenehme nussige Geschmack von Vogerlsalat beruht auf dem Gehalt an ätherischen Ölen. Ernährungsphysiologisch relevante Inhaltsstoffe sind der für Salate hohe Eisengehalt, der beträchtliche Gehalt an Kalium, Magnesium und Kalzium. Auch sein hoher Vitamin-C-, Folsäure- und Carotinoidgehalt ist erwähnenswert. Außerdem enthalten die zarten Blätter Baldrianöl, das beruhigend wirkt. Als Abendessen eingenommen hilft Vogerlsalat daher beim Einschlafen.

Wie die anderen Blattgemüse aus dem Winteranbau weist Vogerlsalat leider auch einen recht hohen Nitratgehalt auf. Dieser ist weitgehend auf den hohen Stickstoffgehalt des Bodens zurückzuführen. Wegen der schlechten Lichtverhältnisse in den Wintermonaten nehmen die Pflänzchen den Stickstoff aus dem

Boden auf, können ihn aber nur ungenügend verarbeiten. Sie speichern ihn als Nitrat in ihren Blättern. Daher sollte auf jeden Fall Vogerlsalat aus biologischem Anbau bevorzugt werden.

Verwendung

Den Salat gut waschen, er enthält immer viel Erde oder Sand.
Vogerlsalat wird eigentlich nur roh genossen. Zu groß ist ja auch die Freude auf knackigen Salat im Winter.
Üblich ist die Verwendung als Dekoration und als Salat in Kombination mit bunten Blattsalaten oder mit Kartoffelsalat.
Aber auch gemischt mit Sellerie, Äpfel, Roten Rüben, Käse, Nüssen, bestreut mit Croûtons und Speckwürfeln eignet sich Vogerlsalat hervorragend als Vorspeise, Beilage oder Hauptgericht.

Winterportulak

Winterportulak, auch Winterpostelein, Tellerkraut oder Kubaspinat genannt, hat seine Heimat an der Westküste Nordamerikas. Schon die Indianer nutzten dieses Kraut als Salat oder als spinatähnliches Gemüse. Zur Zeit des Goldrausches, Mitte des 19. Jahrhunderts, war die Pflanze im langen Winter wichtiger Vitaminspender der Goldsucher und wurde daher auch als „Miner's Lettuce" bezeichnet.

Die Pflanze

Winterportulak gehört, wie auch Sommerportulak, zur Familie der Portulakgewächse. Die Pflanze ist winterhart. Sie wird 15 bis 20 cm hoch.
Auf langen, dünnen Stängeln sitzen fleischige, wie kleine Teller aussehende Blätter. Aus der Blattmitte wachsen feine Stiele mit zarten, weiß gefärbten, sternförmigen Blüten.

Anbau im Garten

Winterportulak braucht es kalt. Erst bei einer Temperatur unter 12 °C beginnt er zu keimen. Zum Wachsen braucht die Pflanze 4 bis 8 °C. Unter einer Schneedecke, im kalten Kasten oder im unbeheizten Glashaus sind auch Temperaturen um –20 °C kein Problem.
Ausgesät wird von September bis März in Reihen von 15 bis 20 cm Abstand oder als nicht zu dichte Breitsaat. Nach der Saat feucht halten.

Ernte & Lagerung

Schon sechs bis acht Wochen nach der Aussaat kann erstmals geerntet werden. Wenn die zarten Blätter ca. 3 cm über der Erde abgeschnitten werden, treibt die Pflanze neu aus – drei bis fünf Ernten sind so möglich. Ab März beginnt die Pflanze zu blühen und auszusamen. Dann sollte die Ernte beendet werden. Einmal gepflückt ist Winterportulak nur wenige Tage im Kühlschrank lagerfähig.

Inhaltsstoffe & Heilwirkung

Winterportulak ist wie Vogerlsalat ein frischer Vitaminspender in den langen Wintermonaten. Neben beachtlichen Vitamin-C-Mengen liefert die Pflanze auch Kalium, Magnesium und Kalzium. Hervorzuheben ist auch der Gehalt an Omega-3-Fettsäuren in Portulak. Diese Fettsäuren verbessern die Durchblutung des Herzmuskels, beugen der Gefäßkrankheit Arteriosklerose vor und können somit den gefürchteten Herz-Kreislauf-Erkrankungen Vorschub leisten.

Verwendung

Die frischen, grünen Blättchen von Winterportulak schmecken am besten als frischer Salat, als Beigabe zu Mischsalaten oder einfach aufs Butterbrot. Auch gedünstet wie Spinat wird Portulak genossen.

Die Natur aufs Brot

Bärlauchaufstrich

4 PORTIONEN

PRO PORTION: 75 kcal, 270 kJ,
3 g Fett, 2 g Kohlenhydrate, 1 g Ballaststoffe

100 g Bärlauch, 200 g Topfen
2–3 EL Sauerrahm, 1 EL Zitronensaft
Salz, weißer Pfeffer

Bärlauch fein schneiden, mit Topfen, Sauerrahm und Zitronensaft verrühren. Abschmecken.

VARIANTE: ***Bärlauchcreme fürs Frühlingsbuffet – als Fülle für Schinken- oder Roastbeefröllchen und Brandteigkrapferln. Für die Creme sehr fein geschnittenen Bärlauch unter steif geschlagenes Obers heben, mit Salz und Pfeffer würzen.***

Bärlauchkäse

Schnelle Küche

4 PORTIONEN

PRO PORTION: 160 kcal, 670 kJ,
15 g Fett, 1 g Kohlenhydrate, 1 g Ballaststoffe

100 g Schafkäse
50 g weiche Butter
2–3 EL Joghurt
100 g Bärlauch
3 EL Pinienkerne zum Bestreuen

Schafkäse zerbröseln, mit Butter und Joghurt verrühren. Gehackte Bärlauchblätter untermischen. Mit gerösteten Pinienkernen bestreuen.

Brennnesselbutter

Schnelle Küche

4 PORTIONEN

PRO PORTION: 190 kcal, 810 kJ,
20 g Fett, 1 g Kohlenhydrate, 1 g Ballaststoffe

100 g Butter
Saft einer halben Zitrone
1 Knoblauchzehe
Salz
150 g Brennnesseln

Butter mit Zitronensaft, gepresstem Knoblauch und Salz cremig rühren.
Zuletzt fein gehackte Brennnesselblätter einrühren.

Spinatterrine

4 PORTIONEN

PRO PORTION: 120 kcal, 510 kJ,
9 g Fett, 3 g Kohlenhydrate, 1 g Ballaststoffe

300 g Spinat
100 ml Wasser
1 TL Agar-Agar
1 Knoblauchzehe
Salz, Pfeffer
125 g Topfen
1/2 Becher Schlagobers

Spinat in Salzwasser zusammen mit Agar-Agar dünsten, pürieren, gepressten Knoblauch untermengen und würzen. Topfen und steif geschlagenes Obers unterheben, in eine mit kaltem Wasser ausgespülte Terrinenform füllen.
Im Kühlschrank mindestens 3 Stunden durchkühlen lassen, aus der Form lösen und in Scheiben schneiden.

Knackige Frühlingssalate

Bohnensalat mit Bärlauch

4 PORTIONEN

PRO PORTION: 270 kcal, 1130 kJ,
11 g Fett, 30 g Kohlenhydrate, 12 g Ballaststoffe

120 g weiße Bohnen
120 g Kidney-Bohnen
100 g Bärlauch
1 Schalotte
1 TL Senf
Salz
4 EL Apfelessig
4 EL Kürbiskernöl
Pfeffer

Bohnen über Nacht einweichen, in ungesalzenem Wasser weich kochen (ca. 45 Minuten). Abseihen.

Bärlauch fein schneiden, Schalotte hacken.

Senf, Salz, Essig, Öl und Pfeffer zu einer Salatsoße rühren und unter die noch warmen Bohnen mischen.

Schalotte und Bärlauch dazumischen.

Kartoffelsalat mit Bärlauchmarinade

4 PORTIONEN

PRO PORTION: 180 kcal, 750 kJ,
8 g Fett, 24 g Kohlenhydrate, 4 g Ballaststoffe

600 g Kartoffeln
1 TL (Dijon-)Senf
2 EL Weißweinessig
3 EL Olivenöl
100 ml Rindsuppe
10 Blätter Bärlauch
Salz, weißer Pfeffer

Kartoffeln dämpfen oder kochen, heiß schälen und in Scheiben schneiden.

Aus Senf, Essig, Öl, fein nudelig geschnittenem Bärlauch, Suppe, Salz und Pfeffer eine Salatsoße rühren – die Marinade etwas ziehen lassen.

Die Kartoffeln noch warm marinieren.

Kartoffel-Vogerlsalat mit Kürbiskernöl

4 PORTIONEN

PRO PORTION: 210 kcal, 890 kJ,
10 g Fett, 25 g Kohlenhydrate, 6 g Ballaststoffe

600 g Kartoffeln
1 Zwiebel
1 TL (Dijon-)Senf
4 EL Apfelessig
4 EL Kürbiskernöl
100 ml Rindsuppe
Salz, weißer Pfeffer
400 g Vogerlsalat

Kartoffeln dämpfen oder kochen, heiß schälen und in Scheiben schneiden. Zwiebel hacken, dazugeben.
Aus Senf, Essig, Öl, Suppe, Salz und Pfeffer eine Salatsoße rühren – die Marinade etwas ziehen lassen. Noch warm marinieren. In den leicht überkühlten Kartoffelsalat den vorbereiteten Vogerlsalat untermischen.

TIPP: ***Mit gebratenen Speckwürfeln ist der Salat eine kräftige Hauptmahlzeit.***

Frühlingssalat mit Schafkäse

4 PORTIONEN

PRO PORTION: 170 kcal, 720 kJ,
17 g Fett, 2 g Kohlenhydrate, 2 g Ballaststoffe

Schnelle Küche

ca. 200 g junges Grün aus Garten und Wiese (Brennnessel, Löwenzahn, Rauke, zarte Spinatblätter, Vogerlsalat ...)
1 Schalotte
Estragon nach Geschmack
3 EL Weißweinessig
Salz, Pfeffer, Cayennepfeffer
3 EL Sonnenblumenöl
100 g Schafkäse und
2 EL Walnüsse zum Bestreuen

Salatblätter waschen, Schalotte und Estragon fein hacken, mit Essig, Gewürzen und Öl verrühren.

Marinade über den Salat gießen, mit Schafkäsewürfeln und leicht gerösteten Walnusskernen bestreuen.

Löwenzahnsalat mit Speckwürfeln

4 PORTIONEN

PRO PORTION: 210 kcal, 880 kJ,
18 g Fett, 1 g Kohlenhydrate, 1 g Ballaststoffe

Schnelle Küche

200 g Löwenzahnblätter
100 g Räucherspeck
4 EL Apfelessig
2 EL Sonnenblumenöl
Salz, Pfeffer
3 Eier, hart gekocht

Löwenzahn waschen, Speck würfeln, in einer Pfanne knusprig anbraten.

Aus Essig, Öl und Gewürzen eine Salatsoße rühren.

Den Löwenzahn marinieren, Speck und geviertelte Eier darauf verteilen.

Löwenzahn-Orangen-Salat

4 PORTIONEN

PRO PORTION: 90 kcal, 380 kJ,
5 g Fett, 9 g Kohlenhydrate, 3 g Ballaststoffe

200 g Löwenzahnblätter
2 Orangen
1 kleine Zwiebel
2 EL Sonnenblumenöl
2 EL Balsamessig
1 TL Senf
1/2 TL Honig
Salz, Pfeffer

Löwenzahn waschen, in 2 bis 3 cm breite Streifen schneiden.

Orangen filetieren, Zwiebel ringelig schneiden.

Für die Salatsoße Essig, Öl, Senf, Salz, Honig und Pfeffer verrühren.

Schnelle Küche

Portulak mit Äpfeln und Nüssen

4 PORTIONEN

PRO PORTION: 150 kcal, 620 kJ,
11 g Fett, 9 g Kohlenhydrate, 4 g Ballaststoffe

200 g Winterportulak
2 kleine, säuerliche Äpfel
3 EL Balsamessig
3 EL Olivenöl
Salz, Pfeffer
2 EL Walnusskerne zum Bestreuen

Portulak waschen, Äpfel würfeln.

Aus Essig, Öl, Salz und Pfeffer eine Salatsoße mischen.

Salat anrichten, mit der Salatsoße übergießen, mit den Nüssen bestreuen.

Schnelle Küche

Portulak-Spinat-Salat mit gebackenem Schafkäse

4 PORTIONEN

PRO PORTION: 220 kcal, 920 kJ,
16 g Fett, 9 g Kohlenhydrate, 3 g Ballaststoffe

200 g Winterportulak
200 g junger Spinat
150 g Schafkäse (Feta-Art)
Mehl, 1 Ei und
Semmelbrösel zum Panieren
Öl zum Ausbacken
2 EL Weißweinessig
2 EL Kürbiskernöl
Salz, Pfeffer

Portulak und Spinat waschen, Schafkäse in 1 bis 2 cm dicke Streifen schneiden, in Mehl, verquirltem Ei und Bröseln wenden.

Die panierten Streifen schwimmend in Öl von beiden Seiten goldgelb backen. Auf Küchenpapier abtropfen lassen.

Aus Essig, Öl, Salz und Pfeffer eine Salatsoße mischen. Salat anrichten, mit Salatsoße marinieren, mit dem gebackenen Schafkäse belegen.

Spinatsalat mit Roten Rüben

4 PORTIONEN

PRO PORTION: 200 kcal, 840 kJ,
16 g Fett, 7 g Kohlenhydrate, 4 g Ballaststoffe

200 g Rote Rüben
300 g junger Spinat
1 Zwiebel
2 EL Apfelessig
4 EL Kürbiskernöl
1/2 Knoblauchzehe
Salz, Pfeffer
50 g Dinkelkeimlinge oder
50 g Kürbiskerne zum Bestreuen

Rote Rüben waschen, kochen oder dämpfen, schälen und überkühlt in Scheiben schneiden. Spinat waschen. Zwiebel ringelig schneiden.

Aus Essig, Öl, gehacktem Knoblauch, Salz und Pfeffer eine Salatsoße mischen. Das Gemüse locker mischen und mit der Salatsoße übergießen.

Mit Dinkelkeimlingen oder trocken in der Pfanne gerösteten Kürbiskernen bestreuen.

Spinat-Rotkraut-Salat

4 PORTIONEN

PRO PORTION: 190 kcal, 790 kJ,
14 g Fett, 10 g Kohlenhydrate, 5 g Ballaststoffe

300 g junger Spinat
1/2 Blaukrautkopf
1 Zwiebel, 3 EL Korinthen
2 EL Apfelessig, 4 EL Olivenöl
Salz, Pfeffer
3 EL Sonnenblumenkerne

Spinat waschen, in grobe Streifen schneiden, Blaukraut in feine Streifen schneiden, Zwiebel hacken. Gemüse und Korinthen locker mischen, mit der Salatsoße aus Essig, Öl und Gewürzen übergießen. Mit trocken in der Pfanne gerösteten Sonnenblumenkernen bestreuen.

Schnelle Küche

Steirischer Röhrlsalat mit Kartoffeln

4 PORTIONEN

PRO PORTION: 220 kcal, 930 kJ,
10 g Fett, 27 g Kohlenhydrate, 6 g Ballaststoffe

700 g Kartoffeln
200 g Löwenzahnblätter
4 EL Apfelessig
Salz, Pfeffer
4 EL Kürbiskernöl

Kartoffeln dämpfen oder in wenig Wasser kochen, schälen und blättrig schneiden, noch warm mit geschnittenen Löwenzahnblättern vermischen. Mit der Salatsoße aus Essig, Öl und Gewürzen übergießen. Lauwarm servieren.

Vogerlsalat mit Nüssen

4 PORTIONEN

PRO PORTION: 130 kcal, 540 kJ,
11 g Fett, 4 g Kohlenhydrate, 2 g Ballaststoffe

400 g Vogerlsalat
1 Zwiebel, 3 EL Walnüsse
1 Hand voll Gänseblumenblüten
1/2 Becher Joghurt
Saft einer halben Zitrone
Pfeffer, Salz, 1 TL Senf
2 EL Sonnenblumenöl, 1 TL Honig

Salat putzen, waschen, Zwiebel fein hacken, Nüsse hacken. Vogerlsalat mit Zwiebeln, Nüssen und den Blüten locker mischen. Joghurt, Zitronensaft, Pfeffer, Salz, Senf, Öl und Honig gut verquirlen. Den Salat mit der Soße marinieren.

Schnelle Küche

Wald- & Wiesensalat

4 PORTIONEN

PRO PORTION: 80 kcal, 330 kJ,
7 g Fett, 1 g Kohlenhydrate, 2 g Ballaststoffe

ca. 200 g gemischte Wildkräuter (Bärlauch, Brennnessel, Löwenzahn, Sauerampfer, Sauerklee, Schafgarbenblätter ...)
1 Schalotte
1 TL scharfer Senf
3 EL Balsamessig
Salz, Pfeffer
3 EL Olivenöl
Veilchen und Gänseblümchenblüten zum Garnieren

Wildkräuter waschen, Schalotte fein hacken, mit Senf, Essig, Gewürzen und Öl verrühren.
Marinade über den Salat gießen, mit den Blüten dekorieren.

TIPP: ***Die Essig- und Ölqualität ist für den Geschmack der Salate entscheidend. Kaltgepresste Öle aus biologischer Landwirtschaft garantieren hohe Gehalte an Vitamin E und reichlich essenzielle Fettsäuren. Versuchen Sie neben Oliven-, Sonnenblumen-, Raps- oder Kürbiskernöl auch einmal aromatische „Exoten" wie Hanföl, Nussöle oder auch Mohnöl.***

Zum Mischen von Marinaden sei die alte Weisheit erwähnt, wonach es dafür fünf Personen braucht: „Einen Geduldigen, der die Kräuter verliest, einen Verschwender, der das Öl spendet, einen Geizigen, der den Essig zumisst, einen Weisen, der das Salz abwägt, und einen Narren, der alles gründlich durcheinander mengt."

Aus dem Suppentopf

Bärlauchsuppe mit Croûtons

4 PORTIONEN

PRO PORTION: 270 kcal, 1130 kJ,
11 g Fett, 35 g Kohlenhydrate, 5 g Ballaststoffe

150 g Bärlauch
1 Zwiebel
250 g mehlige Kartoffeln
3 EL Butterschmalz oder Öl
750 ml Suppe
3 EL Obers
Salz, Pfeffer
3–4 Scheiben Schwarzbrot und ein paar Bärlauchblätter zum Bestreuen

Bärlauch grob zerschneiden, Zwiebel hacken, Kartoffeln klein würfeln.

1 EL Butterschmalz oder Öl zerlassen, die Zwiebeln glasig anlaufen lassen.

Bärlauch und Kartoffeln zufügen, durchrühren, mit der Suppe aufgießen.

Zugedeckt ca. 15 Minuten köcheln lassen.

Pürieren, Obers unterziehen, abschmecken.

Für die Croûtons das Brot in Würfel schneiden und im restlichen Butterschmalz rösten.

Die Suppe kurz vor dem Servieren mit Croûtons und fein gehackten Bärlauchblättern bestreuen.

VARIANTE: ***In der gleichen Art kann eine Brennnessel-Kartoffel-Suppe oder eine Spinatsuppe zubereitet werden. Zusätzlich mit Knoblauch und evtl. Kümmel würzen.***

Rindsknochensuppe mit Brennnesselfrittaten

4 PORTIONEN

PRO PORTION: 190 kcal, 790 kJ, 13 g Fett, 11 g Kohlenhydrate, 2 g Ballaststoffe

SUPPE:
2 l Wasser
1 kg Rindfleischknochen
1 Zwiebel mit Schale
2 Karotten, 1 gelbe Rübe
1/4 Sellerieknolle, 1/2 Stange Lauch
1 Petersilwurzel, etwas Petersilgrün
8 Pfefferkörner
Salz

FRITTATEN:
80 g Brennnesseln
2 Eier, 100 ml Milch
60 g (Vollkorn-)Mehl
Salz

Butterschmalz oder Öl zum Backen

Rindsknochen gut mit Wasser abspülen. In kaltem Wasser zustellen, zum Kochen bringen. Schaum abschöpfen.
Zwiebel halbieren, in einer Pfanne an den Schnittflächen braun rösten, in die Suppe geben.
Wurzelgemüse waschen, evtl. schälen, mit Lauch und Pfefferkörnern ebenfalls zur Suppe geben.
Nach ca. 1 Stunde Kochzeit salzen. Eine weitere Stunde köcheln lassen. Abseihen und abschmecken.
Brennnesseln in Salzwasser blanchieren, abseihen, gut ausdrücken und fein hacken.
Alle Zutaten verrühren, 15 Minuten rasten lassen.
1 EL Öl in einer Pfanne erhitzen, Teig dünn einlaufen lassen und beidseitig goldgelb backen. Den ganzen Teig nach und nach zu Palatschinken backen. Die Palatschinken erkaltet in dünne Streifen schneiden. Kurz vor dem Servieren in die Suppe geben.

VARIANTE DER SUPPENEINLAGE:

Spinatschöberln

80 g Spinat
2 Eiklar
2 Eidotter
60 g Mehl
Salz, Muskat

Spinat in Salzwasser blanchieren, abseihen, gut ausdrücken und fein hacken. Eiklar zu Schnee schlagen, Eidotter, Mehl, Salz, Muskat und gehackten Spinat vorsichtig unterheben. Masse auf ein befettetes oder mit Backpapier belegtes Backblech streichen und im vorgeheizten Rohr bei 220 °C 8 Minuten backen. Erkaltet schneiden.
Kurz vor dem Servieren in die Suppe geben.

TIPP: *SUPPENBASIS*
Für Cremesuppe, Risotto, Kartoffelsalat etc. – klare Suppen sind immer wieder als Zutat gefragt. Die Zubereitung von Rindsknochensuppe wurde schon auf Seite 64 beschrieben. Hier möchten wir noch Rezepte für Gemüse- und Hühnersuppe vorstellen:

Gemüsesuppe

1/2 Stange Lauch
4 Karotten
1 Petersilwurzel
1/4 Sellerieknolle
1 Zwiebel
1 Knoblauchzehe
1 Bund Petersilie
1 Lorbeerblatt
einige Pfefferkörner
Wacholderbeeren
1,5 l Wasser
Salz

Gemüse putzen und im Ganzen mit den restlichen Zutaten in kaltem Wasser ansetzen.

Mindestens 45 Minuten köcheln lassen, salzen.

Hühnersuppe

600 g Hühnerklein
(Flügerln, Hals, Magen ...)
1,5 l Wasser
1 Zwiebel
1/2 Stange Lauch
1 Karotten
1 gelbe Rübe
1 Petersilwurzel
1/4 Sellerieknolle
1 Zwiebel
5 Pfefferkörner
1/2 Bund Petersilie
Salz

Hühnerklein waschen, mit kaltem Wasser zustellen, geputztes Gemüse im Ganzen dazugeben.

Langsam aufkochen und mind. 45 Minuten leicht köcheln lassen, salzen.

Karotten-Linsen-Suppe mit Löwenzahn

4 PORTIONEN

PRO PORTION: 140 kcal, 590 kJ,
7 g Fett, 15 g Kohlenhydrate, 4 g Ballaststoffe

Schnelle Küche

1 Zwiebel
20 g Butter
300 g Karotten
60 g rote Linsen
1 l Gemüsesuppe oder Wasser
Salz, Pfeffer
1 EL Löwenzahnhonig oder Bienenhonig
3 EL Schlagobers
1 Hand voll Löwenzahnblätter zum Bestreuen

Zwiebel hacken, in Butter glasig anlaufen lassen. Karotten putzen, schneiden, kurz mitdünsten. Rote Linsen dazufügen, mit Suppe bzw. Wasser aufgießen.

Köcheln lassen, bis die Karotten gar sind, pürieren, mit Salz, Pfeffer und Honig abschmecken. Obers unterziehen.

In feine Streifen geschnittene Löwenzahnblätter über die Suppe streuen.

Wildgemüsesuppe

4 PORTIONEN

PRO PORTION: 80 kcal, 330 kJ,
6 g Fett, 3 g Kohlenhydrate, 2 g Ballaststoffe

Schnelle Küche

1 Zwiebel
20 g Butter
100 g Löwenzahnblätter
100 g Brennnesselblätter
100 g Blätter von Gänseblümchen und Veilchen
1 l Gemüse- oder Hühnersuppe
Salz, weißer Pfeffer
Muskatnuss
3 EL Sauerrahm
1 Hand voll Gänseblümchenblüten zum Bestreuen

Zwiebel hacken, in Butter glasig anlaufen lassen, Kräuter waschen, grob hacken und kurz mitdünsten.

Mit Suppe aufgießen, würzen, 10 bis 15 Minuten köcheln lassen. Pürieren, Sauerrahm einrühren.

Mit Gänseblümchenblüten bestreut servieren.

VARIANTE: ***Eine würfelig geschnittene Kartoffel mitkochen. Das macht die Suppe angenehm sämig, auch ohne Sauerrahm.***

Spinatcremesuppe

4 PORTIONEN

PRO PORTION: 150 kcal, 630 kJ,
13 g Fett, 7 g Kohlenhydrate, 2 g Ballaststoffe

1 Zwiebel
20 g Butter
1 EL Mehl
500 ml Gemüse- oder Hühnersuppe
250 ml Milch
300 g Spinat
Salz, weißer Pfeffer
2 Knoblauchzehen
3 EL Schlagobers
1 Eidotter

Zwiebel hacken, in Butter glasig anlaufen lassen, Mehl einrühren, kurz mitrösten, Suppe und Milch aufgießen.

Gewaschenen, grob gehackten Spinat in die Suppe geben, 4 Minuten köcheln lassen. Würzen und dann pürieren. Obers und zuletzt Eidotter einrühren.

Nicht mehr aufkochen.

Italienische Gemüsesuppe

4 PORTIONEN

PRO PORTION: 340 kcal, 1420 kJ,
12 g Fett, 38 g Kohlenhydrate, 15 g Ballaststoffe

100 g weiße Bohnen
100 g rote Bohnen
70 g Schinkenspeck
1/2 Stange Lauch
2 Knoblauchzehen
3 Karotten
2 Kartoffeln
1 EL Olivenöl
Thymian, Salz, Pfeffer
Cayennepfeffer oder Chili
250 g gewürfelte bzw. geschälte Tomaten
1 l Wasser
200 g Spinat oder Brennnesseln
3 EL Parmesan

Bohnen über Nacht einweichen, in Wasser (ungesalzen!) weich kochen. Speck würfeln, Lauch ringelig schneiden, Knoblauch hacken, Karotten in Scheiben schneiden, Kartoffeln grob würfeln.

Öl in einem Topf erhitzen, Speck, Lauch und gehackten Knoblauch kurz anbraten. Karotten und Kartoffeln dazugeben und durchrühren. Salzen, pfeffern, Thymian und Cayennepfeffer bzw. Chili dazugeben, mit Wasser und Tomaten aufgießen. Köcheln lassen, bis das Gemüse bissfest ist und die Kartoffeln gar sind. Grob geschnittenen Spinat hinzufügen, ein paar Minuten köcheln lassen. Abschmecken.

Mit geriebenem Parmesan servieren.

Hauptsache (in) Grün

Bärlauch-Spinat-Lasagne

4 PORTIONEN

PRO PORTION: 500 kcal, 2100 kJ,
22 g Fett, 53 g Kohlenhydrate, 5 g Ballaststoffe

SPINATFÜLLE:
1 Zwiebel
2 Knoblauchzehen
20 g Butter
700 g Spinat
125 g Topfen
Salz, Pfeffer

TOMATENFÜLLE:
200 g gewürfelte bzw. geschälte Tomaten
Salz, Pfeffer
Basilikum

250 g Lasagneblätter, vorgegart
Öl für die Auflaufform

100 g Crème fraîche
80 g Parmesan

Zwiebel und Knoblauch hacken, in Butter glasig anlaufen lassen, grob gehackten Spinat dazugeben, zusammenfallen lassen.

Mit Topfen vermischen, abschmecken.

Tomaten mit Salz, Pfeffer und gehacktem Basilikum abschmecken.

Bebutterte Auflaufform mit Lasagneblättern auslegen.

Die Hälfte der Spinatfülle darauf verteilen. Mit Lasagneblättern abdecken. Tomatenfülle über die Nudeln geben, wiederum mit Lasagneblättern abdecken.

Den Rest der Spinatfülle darauf streichen und mit einer letzten Nudelschicht abdecken.

Darauf die Crème fraîche streichen und mit geriebenem Parmesan bestreuen.

Bei 200 °C ca. 40 Minuten backen.

Hühnerbrust mit Bärlauchfülle

Schnelle Küche

4 PORTIONEN

PRO PORTION: 320 kcal, 1340 kJ,
21 g Fett, 1 g Kohlenhydrate, 1 g Ballaststoffe

FÜLLE:
200 g Bärlauch
Saft einer halben Zitrone
3 EL Olivenöl
10 Oliven

4 Stück Hühnerbrüste (ca. 500 g), ausgelöst und ohne Haut
Salz, Pfeffer
3 EL Öl
Weißwein

Bärlauch fein hacken, mit Zitronensaft und Olivenöl pürieren. Oliven vierteln.

Hühnerbrüste mittels Längsschnitt aufklappen, innen salzen, mit Fülle bestreichen, Oliven drauflegen, straff einrollen, mit Zahnstocher fixieren. Die gefüllten Brüste außen mit Salz und Pfeffer gut würzen, rundherum anbraten, mit einem Schuss Wein angießen und im Rohr bei 200 °C ca. 8 bis 10 Minuten fertig garen.

Bärlauch-Karotten-Pfanne mit Einkorn

4 PORTIONEN

PRO PORTION: 350 kcal, 1460 kJ,
13 g Fett, 44 g Kohlenhydrate, 11 g Ballaststoffe

250 g Einkornreis
500 ml Gemüse- oder Geflügelsuppe
2 Zwiebeln
400 g Karotten
4 EL Olivenöl
300 g Bärlauch
Salz, Pfeffer
Parmesan zum Bestreuen

Einkornreis mit Suppe zustellen, weich dünsten.

Zwiebeln ringelig, Karotten stiftelig schneiden, Gemüse in Olivenöl anbraten.

Grob geschnittenen Bärlauch und Einkornreis unterrühren, kurz mitbraten, abschmecken.

Mit Parmesan bestreut servieren.

Kartoffel-Bärlauch-Laibchen

4 PORTIONEN

PRO PORTION: 480 kcal, 2000 kJ,
22 g Fett, 54 g Kohlenhydrate, 11 g Ballaststoffe

800 g mehlige Kartoffeln
150 g Weizen(vollkorn)mehl
100 g Topfen
2 Eier
100 g Räßkäse
2 Bund Bärlauch
Salz, Pfeffer
3 EL Sesam zum Bestreuen
Butterschmalz oder Öl zum Braten

Kartoffeln dämpfen oder in wenig Wasser kochen, schälen, noch heiß zerdrücken. Mehl, Eier, Käse und Topfen untermischen, mit gehacktem Bärlauch und Gewürzen kräftig würzen, Laibchen formen. Mit Sesam bestreuen, andrücken.

Laibchen in Butterschmalz oder Öl auf beiden Seiten goldgelb braten.

VARIANTE: ***Um Fett einzusparen, die Laibchen nicht in heißem Fett backen, sondern auf ein mit Backpapier belegtes Backblech geben und bei 200 °C ca. 20 Minuten backen.***

Gedämpfte Bärlauchlammkoteletts

4 PORTIONEN

PRO PORTION: 230 kcal, 980 kJ,
18 g Fett, 0 g Kohlenhydrate, 0 g Ballaststoffe

4–8 Lammkoteletts
1 Hand voll Bärlauchblätter
Salz, Pfeffer
Saft einer halben Zitrone

Lammkoteletts mit Bärlauchblättern umwickeln und im Dampfeinsatz 3 bis 5 Minuten dämpfen.

Mit Salz, Pfeffer und Zitronensaft würzen und servieren.

TIPP: ***Zu diesem Gericht passt Karottenpüree.***

Karottenpüree

1 Zwiebel
20 g Butter
500 g Karotten
1/8 l Suppe oder Wasser
1 Schuss Sherry
1 EL Crème fraîche
Salz, Pfeffer
Cayennepfeffer
Muskatnuss
Saft einer halben Zitrone

Zwiebel hacken, in Butter glasig anlaufen lassen.

Die Karotten schälen und in dünne Scheiben schneiden.

Kurz mit der Zwiebel mitdünsten.

Suppe, dann Sherry aufgießen und 15 Minuten köcheln lassen.

Pürieren, Crème fraîche unterrühren, mit den Gewürzen und dem Zitronensaft abschmecken.

Polenta-Bärlauch-Gupferln

4 PORTIONEN

PRO PORTION: 430 kcal, 1800 kJ,
25 g Fett, 37 g Kohlenhydrate, 5 g Ballaststoffe

300 ml Suppe
1 Lorbeerblatt
120 g Polenta
1 1/2 alte Semmeln (oder 100 g Weißbrotwürfel)
100 ml heiße Milch
60 g Butter, 3 Eidotter
3 EL Parmesan, gerieben
200 g Bärlauch
10 schwarze Oliven
3 Eiklar
Salz, Pfeffer, Muskatnuss
Butter zum Bebuttern für die Formen

Suppe mit Lorbeer aufkochen, Polenta einrühren, ca. 15 Minuten köcheln lassen, Lorbeerblatt entfernen.
Semmeln zu Würfeln schneiden, in heißer Milch einweichen.
Butter abtreiben, Eidotter nach und nach einrühren, Polentamasse, Semmelwürfel, geriebenen Parmesan, fein geschnittenen Bärlauch und geschnittene Oliven einrühren. Zuletzt Eischnee unterheben.
Masse abschmecken, in gebutterte Dariolformen füllen, im Wasserbad 35 Minuten garen. Stürzen.

TIPP: ***Dazu passt Blattspinat oder auch eine würzige Käsesoße.***

Brennnesselomelette

4 PORTIONEN

PRO PORTION: 280 kcal, 1180 kJ,
18 g Fett, 14 g Kohlenhydrate, 4 g Ballaststoffe

700 g Brennnesseln
1 Knoblauchzehe
100 g (Weiß-)Brot
6 Eier
Salz, Pfeffer
evtl. Muskatnuss
3 EL Olivenöl

Brennnesseln blanchieren, gut abtropfen lassen. Knoblauch hacken, Brot (nur Krume, nicht die Rinde) zerbröseln. Eier verquirlen, Knoblauch, Brot, Gewürze und Brennnesseln dazugeben.
In einer Pfanne Öl erhitzen und die Masse eingießen, stocken lassen, dann Hitze reduzieren. Wenn die Unterseite goldbraun ist, wenden (am besten mithilfe eines Tellers oder Deckels), fertig braten. Eventuell mit Käse bestreuen.

Ravioli mit Brennnessel-Käse-Fülle

4 PORTIONEN

PRO PORTION: 440 kcal, 1840 kJ,
21 g Fett, 38 g Kohlenhydrate, 2 g Ballaststoffe

TEIG:
200 g Weizenmehl
2 Eier

FÜLLE:
300 g Brennnesseln
100 g Ricotta, 60 g Parmesan
1 Ei, 1 Eidotter
Salz, Pfeffer, Cayennepfeffer

1 Eiklar zum Bestreichen

30 g Butter und
8 Blätter Salbei für die Salbeibutter

Parmesan zum Bestreuen

Mehl und Eier gut verkneten, mit Frischhaltefolie abdecken, 30 Minuten rasten lassen.
Für die Fülle Brennnesseln blanchieren, gut ausdrücken, mit Ricotta, geriebenem Parmesan, Ei und Eidotter gut vermischen, würzen.
Teig auf einer bemehlten Fläche zu einem langen Rechteck auswalken, halbieren. Die zwei Rechtecke müssen gleich groß sein. Ein Teigblatt mit verquirltem Eiklar bestreichen, die Fülle in kleinen Häufchen im Abstand von ca. 3 cm draufsetzen. Mit dem 2. Teigblatt abdecken. Den Teig an den Rändern und rund um die Füllehäufchen gut zusammenpressen. Mit einem Teigrad die ca. 5 cm großen Ravioli ausschneiden. Ravioli in Salzwasser garen, mit Salbeibutter (siehe S. 79) und Parmesan servieren.

Brennnesselnockerln auf Rübenragout

4 PORTIONEN

PRO PORTION: 330 kcal, 1380 kJ,
19 g Fett, 29 g Kohlenhydrate, 6 g Ballaststoffe

200 g Brennnesseln
1 Zwiebel, 20 g Butter
Salz, Pfeffer, Muskatnuss
100 g Parmesan, 1 Ei, 4 EL Mehl
3 EL Semmelbrösel
100 g Topfen

RÜBENRAGOUT:
600 g Rote Rüben
1 Zwiebel, 20 g Butter
etwas Wasser, 1 EL Zitronensaft
4 EL Schlagobers, 4 EL Joghurt
Salz, Pfeffer

20 g Butter

Brennnesseln blanchieren, abseihen, gut ausdrücken. Zwiebel hacken, in Butter glasig anlaufen lassen. Gehackte Brennnesseln dazumischen, mit Salz, Muskat und Pfeffer würzen. Zum überkühlten Gemüse geriebenen Käse, Ei, Mehl, Brösel und Topfen mischen. Masse 10 Minuten rasten lassen. Mit 2 Löffeln Nockerln formen und in siedendem Salzwasser 10 Minuten ziehen lassen oder dämpfen.
Für das Ragout Rote Rüben roh in Scheiben oder Würfel schneiden. Zwiebel hacken, in Butter glasig anlaufen lassen, Rote Rüben dazugeben. Mit wenig Wasser und Zitronensaft aufgießen, bissfest dünsten. Obers und Joghurt unterziehen. Würzen.
Nockerln auf Ragout anrichten. Mit zerlassener Butter übergießen.

Kartoffel-Brennnessel-Auflauf

4 PORTIONEN

PRO PORTION: 300 kcal, 1250 kJ,
15 g Fett, 34 g Kohlenhydrate, 7 g Ballaststoffe

300 g Brennnesseln
800 g mehlige Kartoffeln
60 g Butter
200 ml Milch
Salz
Muskatnuss
Butter

Brennnesseln blanchieren, gut ausdrücken. Kartoffeln schälen, vierteln, in Salzwasser garen, abseihen, heiß passieren. Butter und heiße Milch einrühren. Mit Salz und Muskat abschmecken. Die Kartoffelmasse abwechselnd mit den blanchierten Brennnesseln in eine gebutterte Auflaufform schichten. Bei 210 °C ca. 15 bis 20 Minuten überbacken.

Rüben-Brennnessel-Gratin

4 PORTIONEN

PRO PORTION: 290 kcal, 1220 kJ,
10 g Fett, 38 g Kohlenhydrate, 19 g Ballaststoffe

4 Karotten
2 Pastinaken
1/2 Sellerieknolle
700 g Kartoffeln
400 g Brennnesseln
1 Becher Crème fraîche
Salz, weißer Pfeffer
2 Knoblauchzehen, Thymian
60 g Käse, gerieben

TIPP: ***Ein buntes Hauptgericht oder eine feine Beilage zu Rinderbraten.***

Karotten, Pastinaken, Sellerie schälen, in dünne Scheiben schneiden und in Salzwasser kurz dünsten. Kartoffeln schälen, roh in dünne Scheiben schneiden. Brennnesseln blanchieren, gut ausdrücken, hacken. Crème fraîche mit Salz, gepresstem Knoblauch, Pfeffer und Thymian würzen.
Die Hälfte von den Gemüse- und Kartoffelscheiben in eine gefettete, feuerfeste Form schichten, dann die gehackten Brennnesseln darauf verteilen und die Hälfte der Soße darüber gießen. Restliche Gemüse- und Kartoffelscheiben einschichten, Soße darüber gießen, mit Käse bestreuen. Bei 200 °C ca. 30 Minuten backen.

Gebackene Käferbohnen mit Brennnesseln

4 PORTIONEN

PRO PORTION: 440 kcal, 1840 kJ,
20 g Fett, 37 g Kohlenhydrate, 14 g Ballaststoffe

200 g Käferbohnen
600 g Brennnesseln
1 Zwiebel
1 Stange Lauch
2 EL Olivenöl
200 g Schafkäse (Feta-Art)
Salz, Pfeffer
Dille
400 g gewürfelte bzw. geschälte Tomaten
3 EL Semmelbrösel
2 EL Olivenöl

Bohnen über Nacht einweichen, dann in Wasser (ohne Salz!) ca. 1 Stunde kochen. Brennnesseln blanchieren, grob hacken. Zwiebel hacken, Lauch fein ringelig schneiden und in Olivenöl kurz anbraten. Brennnesseln und zerbröckelten Käse untermischen, mit Salz, Pfeffer und Dille abschmecken.
Die Hälfte der Brennnesselmasse in eine gefettete Form geben, Bohnen darüber schichten. Ganz oben den Rest der Brennnesselmasse und die gewürfelten Tomaten verteilen. Mit Bröseln bestreuen und mit Olivenöl beträufeln. Bei 190 °C ca. 40 Minuten backen.

Scharfe Frühlingsgemüsepfanne

4 PORTIONEN

PRO PORTION: 160 kcal, 670 kJ,
13 g Fett, 7 g Kohlenhydrate, 5 g Ballaststoffe

1/2 Bund Frühlingszwiebeln
1 Lauchstange
4 Karotten
2 Knoblauchzehen, Ingwer
Chilischote oder Chilipulver
5 EL Oliven- oder Sesamöl
Salz, Pfeffer, evtl. Curcuma
3–4 EL Suppe oder Wasser
Sojasoße nach Belieben
300 g Spinat oder Brennnesseln
1 TL Speisestärke
1 Hand voll Petersilie
2 EL Essig

Frühlingszwiebeln der Länge nach halbieren, das Zwiebelgrün und den Lauch grob ringelig schneiden, Karotten in Scheiben schneiden. Zwiebeln, Lauch, gehackten Knoblauch, gehackten Ingwer und Chili im Öl anbraten. Salzen, pfeffern und mit Curcuma würzen. Karottenscheiben dazugeben und mitbraten. Mit wenig Suppe oder Wasser aufgießen. Sojasoße dazugeben, 6 Minuten köcheln.
Grob gehackten Spinat bzw. gehackte Brennnesseln dazugeben, kurz mitdünsten. Stärke in wenig kaltem Wasser anrühren, in das Gemüse einrühren. Nochmals aufkochen, gehackte Petersilie dazugeben. Mit Essig abschmecken.
Dazu passen Basmatireis oder auch Nudeln.

Gemüse-Polenta-Kuchen

4 PORTIONEN

PRO PORTION: 430 kcal, 1800 kJ,
23 g Fett, 43 g Kohlenhydrate, 10 g Ballaststoffe

700 ml Wasser, 20 g Butter
Koriander, gemahlen
Salz, 200 g Polenta

BELAG:
1 Zwiebel, 20 g Butter
300 g Karotten, 700 g Spinat
2–3 Knoblauchzehen, Pfeffer

ÜBERGUSS:
1/2 Becher Schlagobers
200 g Blauschimmelkäse
3 EL Sherry, Pfeffer, 100 g Parmesan

Wasser mit Butter und Gewürzen aufkochen, Polenta einrühren, kurz köcheln lassen. Dann vom Feuer nehmen und zugedeckt ausquellen lassen. Polentamasse auf ein befettetes Backblech oder in eine große Auflaufform streichen.
Zwiebel hacken, in Butter glasig anlaufen lassen, blättrig geschnittene Karotten kurz mitdünsten, Spinat dazugeben, würzen. Karotten-Spinat-Masse auf die Polenta schichten.
Für den Guss Schlagobers, Sherry und zerbröckelten Käse verrühren, würzen und auf dem Kuchen verteilen. Mit geriebenem Parmesan bestreuen.
Bei 210 °C ca. 20 Minuten backen.

Spinat-Bärlauch-Strudel

4 PORTIONEN

PRO PORTION: 430 kcal, 1800 kJ,
21 g Fett, 44 g Kohlenhydrate, 13 g Ballaststoffe

STRUDELTEIG:
250 g (Vollkorn-)Mehl
Salz
4 EL Oliven- oder Sonnenblumenöl
10 EL Wasser

FÜLLE:
1 Zwiebel
20 g Butter
200 g Bärlauch
1 kg Blattspinat
1 Becher Sauerrahm
Salz, Pfeffer

1 Ei zum Bestreichen

Aus allen Zutaten einen geschmeidigen Strudelteig kneten, 1 Stunde in einer angewärmten Schüssel rasten lassen.
Zwiebel hacken, in Butter glasig anlaufen lassen, grob gehackten Bärlauch und Blattspinat dazugeben und kurz dünsten. Überkühlt mit Sauerrahm mischen, würzen.
Teig ausziehen oder ausrollen, auf ein Tuch geben, mit der Fülle belegen, mithilfe des Tuches einrollen.
Den Strudel mit Ei bestreichen und im vorgeheizten Rohr bei 190 °C ca. 40 Minuten backen.

VARIANTE: ***In die Mitte des Strudels gewürztes Fischfilet (Lachs, Alpenlachs ...) einrollen. Der Strudel kann zeitsparend auch mit fertigem Strudelteig zubereitet werden.***

Spinat-Brennnessel-Quiche

6 PORTIONEN

PRO STÜCK: 370 kcal, 1550 kJ,
24 g Fett, 20 g Kohlenhydrate, 6 g Ballaststoffe

TEIG:
150 g Weizen(vollkorn)mehl
100 g Magertopfen, 70 g Butter
Salz, Pfeffer

FÜLLE:
600 g Spinat
300 g Brennnesseln
2 Zwiebeln
1–2 Knoblauchzehen
2 EL Öl, 100 g Hartkäse
2 Eier, 1 Becher Sauerrahm
Salz, Pfeffer, Muskatnuss

Aus den Zutaten einen Teig kneten, eine halbe Stunde rasten lassen, auswalken und eine Tortenform/Quicheform damit auslegen. Für die Fülle Spinat und Brennnesseln blanchieren. Zwiebeln und Knoblauch fein hacken, in Öl glasig anlaufen lassen. Zwiebeln, Knoblauch, Spinat, Brennnesseln und kleinwürfelig geschnittenen Käse auf dem Teig verteilen. Eier und Rahm verrühren, abschmecken und darüber gießen.
30 bis 40 Minuten bei ca. 175 °C backen.

VARIANTE: ***Blauschimmel- statt Hartkäse verwenden.***

Spinatknödel mit Salbeibutter und Grana

4 PORTIONEN

PRO PORTION: 410 kcal, 1710 kJ, 20 g Fett, 41 g Kohlenhydrate, 6 g Ballaststoffe

5 altbackene Semmeln (oder 250 g Knödelbrot)
ca. 1/8 l Milch, 1 Zwiebel
20 g Butter, 500 g Spinat
2 Eier, Salz, Pfeffer
Brösel (nach Bedarf)

Salbeiblätter, 40 g Butter, Salz

Grana (oder Parmesan)

Semmeln würfeln, mit heißer Milch übergießen. Zwiebel hacken, in Butter glasig anlaufen lassen. Spinat in wenig Wasser dünsten, pürieren. Zwiebeln, Spinat, Eier zur Masse geben. Würzen. Ist die Knödelmasse zu weich, Brösel untermischen. Etwa 30 Minuten rasten lassen.
Mit nassen Händen Knödel formen, in siedendem Wasser oder im Wasserdampf garen. Salbeiblätter hacken, in etwas Butter aufschäumen, salzen. Die Knödel mit Salbeibutter und gehobeltem Grana servieren.

VARIANTEN: ***Den blanchierten Spinat statt pürieren einfach grob hacken und unter die Knödelmasse mischen. Für Spinat-Käse-Knödel 60 g gewürfelten Bergkäse in die Knödelmasse geben.***

Spinatauflauf

4 PORTIONEN

PRO PORTION: 240 kcal, 1010 kJ,
14 g Fett, 10 g Kohlenhydrate, 3 g Ballaststoffe

1 Zwiebel, 30 g Butter
125 ml Suppe oder Wasser
500–600 g Spinat, 3 Eidotter
40 g Parmesan, gerieben
Salz, Pfeffer, Muskatnuss
evtl. Knoblauch, 4 Eiklar
3 EL Mehl, 1 EL Semmelbrösel
3 EL Käse (z. B. Bergkäse), gerieben

Zwiebel hacken, in Butter glasig anlaufen lassen.
Mit Suppe oder Wasser aufgießen, Spinat dazugeben, kurz dünsten.
Auskühlen lassen, Eidotter, Parmesan und Gewürze unterrühren. Zuletzt Schnee von den 4 Eiklar, Mehl und Brösel unterheben.
Masse in eine bebutterte Form geben, mit geriebenem Käse bestreuen und bei 200 °C 40 Minuten backen.

Spinatkuchen mit Schafkäse und Minze

4 PORTIONEN

PRO PORTION: 480 kcal, 2010 kJ,
25 g Fett, 42 g Kohlenhydrate, 10 g Ballaststoffe

TEIG:
250 g Weizen(vollkorn)mehl
1 Ei, 60 g Joghurt, Salz
Wasser (nach Bedarf)

FÜLLE:
500 g Spinat
1 Zwiebel, 1/2 Stange Lauch
2 EL Olivenöl
150 g Schafkäse (Feta-Art)
1 Bund Minzeblätter
1 Ei

Öl zum Bepinseln
2 EL Sesam zum Bestreuen

Zutaten zu einem geschmeidigen Teig verarbeiten, ca. 30 Minuten rasten lassen.
Für die Fülle Spinat kurz blanchieren, gut abtropfen lassen.
Gehackte Zwiebel und fein geschnittenen Lauch in Olivenöl glasig andünsten, Spinat, zerbröckelten Käse, Salz, Pfeffer, Ei und gehackte Minze gut untermischen.
Teig in 8 gleich große Stücke teilen. Jedes Teigstück dünn rund auswalken, auf ein mit Backpapier belegtes Blech legen, mit Öl bepinseln und das nächste Teigblatt darüber legen. Nachdem das 4. Teigblatt am Blech ist, die Fülle darauf verteilen und mit den restlichen 4 Teigblättern, die dazwischen immer wieder mit Öl bepinselt werden, abdecken.
Mit Sesam bestreuen und bei 210 °C ca. 50 Minuten backen.

Gekochte Spinattascherln

4–6 PORTIONEN

PRO PORTION: 430 kcal, 1800 kJ,
23 g Fett, 34 g Kohlenhydrate, 7 g Ballaststoffe

TEIG:
200 g mehlige Kartoffeln
250 g Magertopfen
150 g (Vollkorn-)Mehl
1 Eidotter, Salz

FÜLLE:
1 Zwiebel, 1 Knoblauchzehe
2 EL Olivenöl, 300 g Spinat
100 g Blauschimmelkäse
Pfeffer

30 g Butter od. 3 EL Olivenöl

Gekochte oder gedämpfte Kartoffeln passieren, mit den restlichen Zutaten rasch zu einem Teig verkneten, kühl stellen, ca. 30 Minuten rasten lassen.
Für die Fülle Zwiebel und Knoblauch hacken, in Öl glasig anlaufen lassen, Spinat dazugeben, 2 Minuten mitdünsten. Käse zerbröckeln und zum Gemüse mischen. Mit Pfeffer würzen. Die Fülle überkühlen lassen. Teig auf gut bemehlter Arbeitsfläche ausrollen, in Rechtecke schneiden oder große Scheiben ausstechen. Etwas Fülle in die Mitte setzen, den Teig zusammenklappen, Rand mit einer Gabel gut andrücken.
Die Tascherln in Salzwasser ca. 3 bis 5 Minuten köcheln lassen. Vor dem Anrichten in Butter oder Öl schwenken.

Spinatpalatschinken

4 PORTIONEN

PRO PORTION: 490 kcal, 2050 kJ,
27 g Fett, 42 g Kohlenhydrate, 3 g Ballaststoffe

PALATSCHINKEN:
200 g Weizen(vollkorn)mehl
250 ml Milch, 3 Eier, Salz

Butterschmalz oder Öl zum Backen

FÜLLE:
1 Zwiebel, 1 Knoblauchzehe
20 g Butter, 300 g Spinat
1 EL Sauerrahm, 100 g Bergkäse
Salz, Pfeffer, Muskatnuss

100 ml Milch

Alle Zutaten verrühren, 15 Minuten rasten lassen.
Für die Fülle Zwiebel und Knoblauch hacken, in Butter glasig anlaufen lassen, gehackten Spinat dazugeben, zusammenfallen lassen. Mit Sauerrahm und geriebenem Käse vermischen, würzen. 1 EL Öl oder Butterschmalz in einer Pfanne erhitzen, Palatschinkenteig dünn einlaufen lassen und beidseitig goldgelb backen. Den ganzen Teig nach und nach zu Palatschinken backen. Die Palatschinken mit Spinatfülle bestreichen, einrollen, in eine gefettete Auflaufform schichten. Mit Milch übergießen. Bei 180 °C ca. 20 Minuten backen.

TIPP: ***Mit Käsesoße servieren.***

Spinatspätzle

4 PORTIONEN

PRO PORTION: 410 kcal, 1710 kJ,
17 g Fett, 46 g Kohlenhydrate, 9 g Ballaststoffe

200 g Spinat bzw.
6 EL passierter Spinat
300 g Dinkel(vollkorn)mehl
3 Eier
Salz
Pfeffer
10 g Butter
150 g Schinken oder Speck und
Schnittlauch zum Bestreuen

Spinat in Salzwasser blanchieren, passieren.
Mehl mit Eiern, passiertem Spinat verrühren, würzen.
Ca. 30 Minuten rasten lassen.
Spätzle mit einem Nockerlschlitten in reichlich Salzwasser kochen. Die Spätzle köcheln lassen, bis sie an der Oberfläche schwimmen. Spätzle abseihen, abtropfen lassen, in Butter schwenken.
Mit gebratenen Schinken- bzw. Speckstreifen und Schnittlauchröllchen bestreuen.

Gebackene Spinattascherln

12–14 STÜCK

PRO STÜCK: 250 kcal, 1050 kJ,
17 g Fett, 14 g Kohlenhydrate, 3 g Ballaststoffe

TEIG:
250 g Magertopfen
200 g Butter
250 g (Vollkorn-)Mehl
Salz

FÜLLE:
1 Zwiebel
1 Knoblauchzehe
2 EL Olivenöl
300 g Spinat
150 g Schafkäse
Pfeffer

1 Ei zum Bestreichen

Zutaten rasch zu einem Teig verkneten, kühl stellen, ca. 30 Minuten rasten lassen.
Für die Fülle Zwiebel und Knoblauch hacken, in Öl glasig anlaufen lassen, Spinat dazugeben, 2 Minuten mitdünsten.
Käse zerbröckeln und zum Gemüse mischen.
Mit Pfeffer würzen.
Die Fülle überkühlen lassen.
Teig ausrollen, in Quadrate mit einer Seitenlänge von ca. 12 cm schneiden oder Scheiben mit einem Durchmesser von ca. 12 cm ausstechen. Etwas Fülle in die Mitte setzen, den Teig über die Diagonale zu einem Dreieck bzw. zu einem Halbmond falten, Rand gut andrücken.
Die Tascherln mit Ei bestreichen, im vorgeheizten Rohr bei 200 °C ca. 20 Minuten backen.

Tagliatelle verde

4 PORTIONEN

PRO PORTION: 200 kcal, 820 kJ,
2 g Fett, 36 g Kohlenhydrate, 2 g Ballaststoffe

200 g frischer Spinat bzw.
60 g passierter Spinat
200 g Weizenmehl
1 Ei

Spinat in Salzwasser blanchieren, pürieren. Mehl, passierten Spinat und Ei gut verkneten, mit Frischhaltefolie abdecken, 30 Minuten rasten lassen.
Auf einer bemehlten Fläche den Teig dünn auswalken, mit einem Messer Tagliatelle (dünne Bandnudeln) schneiden.
Vor dem Kochen leicht trocknen lassen.
Sind die Nudeln als Vorrat gedacht, müssen sie vor dem Verpacken völlig trocken sein.

Penne mit Löwenzahn

4 PORTIONEN

PRO PORTION: 480 kcal, 2010 kJ, 10 g Fett, 78 g Kohlenhydrate, 6 g Ballaststoffe

400 g Penne
200 g Karotten
2 EL Olivenöl
200 g Löwenzahn
1 EL Blütenknospenkapern (Rezept S. 88)
2 Kugeln Mozzarella
2 Knoblauchzehen
Salz, Cayennepfeffer

Nudeln in reichlich Salzwasser bissfest kochen. Karotten stifteIig schneiden, in Olivenöl anbraten.

Geschnittenen Löwenzahn, gehackten Knoblauch, Kapern und in Scheiben geschnittenen Mozzarella untermischen.

Alles noch ein paar Minuten in der offenen Pfanne garen, würzen, mit den Nudeln mischen.

Köstliche Kleinigkeiten

Bärlauchpüree

4 PORTIONEN

PRO PORTION: 150 kcal, 620 kJ, 5 g Fett, 33 g Kohlenhydrate, 6 g Ballaststoffe

200 g Bärlauch
800 g mehlige Kartoffeln
200 g Sauerrahm oder 200 ml Milch und 80 g Butter
Salz, Pfeffer
Muskatnuss

Bärlauchblätter blanchieren, abtropfen lassen und fein hacken. Geschälte Kartoffeln in wenig Salzwasser weich kochen, abseihen, kurz ausdampfen lassen, zerstampfen oder pürieren.

Mit Butter und heißer Milch oder Sauerrahm aufschlagen. Die gehackten Bärlauchblätter unterheben. Abschmecken.

VARIANTE: ***Mit 100 g geriebenem Käse vermischt, ist das Püree ein cremig-würziges Hauptgericht.***

Cremebrennnesseln mit Röstkartoffeln

4 PORTIONEN

700 g Brennnesseln
20 g Butter
2 EL Mehl
300 ml Suppe
Salz, Pfeffer
1 Knoblauchzehe

RÖSTKARTOFFELN:
600 g fest kochende Kartoffeln
1–2 Zwiebeln
4 EL Sonnenblumenöl
Salz, Pfeffer

PRO PORTION: 290 kcal, 1210 kJ, 15 g Fett, 30 g Kohlenhydrate, 8 g Ballaststoffe

Brennnesseln blanchieren, abseihen und gut ausdrücken, fein hacken. Butter erwärmen, Mehl kurz in der Butter anschwitzen, heiße Suppe und Brennnesseln mit dem Schneebesen einrühren, aufkochen lassen. Mit Salz, Pfeffer und zerdrücktem Knoblauch abschmecken.
Kartoffeln kochen oder dämpfen, schälen, blättrig schneiden. Zwiebeln ringelig schneiden, in Öl glasig anlaufen lassen, Kartoffeln mitrösten, bis sie eine leicht gebräunte Kruste haben. Röstkartoffeln auf Cremebrennnesseln anrichten.

VARIANTE: ***Cremespinat wird auf die gleiche Weise wie Cremebrennnesseln zubereitet.***

Blattspinat

Schnelle Küche

4 PORTIONEN

PRO PORTION: 130 kcal, 550 kJ, 11 g Fett, 4 g Kohlenhydrate, 6 g Ballaststoffe

800 g Spinat
50 g Butter oder 4 EL Olivenöl
Salz, Pfeffer
1 Knoblauchzehe

Spinat blanchieren, abseihen und gut ausdrücken. Butter bzw. Olivenöl erwärmen, Spinat darin schwenken, abschmecken.

VARIANTE: ***Junge Brennnesselblätter können auf die gleiche Art zubereitet werden.***

Spinat mit Rosinen

Schnelle Küche

4 PORTIONEN

PRO PORTION: 260 kcal, 1070 kJ, 11 g Fett, 16 g Kohlenhydrate, 7 g Ballaststoffe

800 g Spinat
4 EL Olivenöl
1 Knoblauchzehe
50 g Pinienkerne
60 g Rosinen, Salz, Pfeffer

Spinat blanchieren, abseihen, ausdrücken und grob hacken. Gehackten Knoblauch in Olivenöl anbraten, herausnehmen. Dann Pinienkerne und Rosinen in Öl braten, bis die Rosinen rund sind, Spinat dazugeben, durchmischen. Abschmecken.

Spinatreis

Schnelle Küche

4 PORTIONEN

PRO PORTION: 260 kcal, 1070 kJ, 6 g Fett, 42 g Kohlenhydrate, 5 g Ballaststoffe

1 kleine Zwiebel
2 EL Olivenöl
1 Tasse Reis
800 g Spinat
Saft einer Zitrone, Dille
Salz, Pfeffer

Zwiebel hacken, in Öl glasig anlaufen lassen, Reis und die doppelte Wassermenge dazugeben, würzen. Bei schwacher Hitze dünsten. Nach ca. 20 Minuten gewaschenen, gehackten Spinat untermischen und fertig garen.
Mit Dille, Zitronensaft, Salz und Pfeffer abschmecken.

VARIANTE: ***Statt Spinat Brennnesseln oder Brunnenkresse verwenden.***

Das erste Grün auf Vorrat

Bärlauchpesto

4 PORTIONEN

PRO PORTION: 400 kcal, 1670 kJ,
41 g Fett, 3 g Kohlenhydrate, 1 g Ballaststoffe

100 g Bärlauch
50 g Bergkäse
50 g Nüsse (Walnüsse, Mandeln, Kürbiskerne oder Pinienkerne – je nach Geschmack)
1/8 l Olivenöl
Salz

Gewaschenen Bärlauch fein schneiden, zusammen mit geriebenem Bergkäse, gehackten Nüssen und dem Öl mit dem Mixstab fein pürieren oder mörsern.

TIPP: ***Pesto aus Basilikum ist eine bekannte italienische Beigabe zu Nudeln. Bärlauchpesto schmeckt ebenfalls köstlich zu Penne, Spaghetti & Co.***

Blütenknospenkapern

4 PORTIONEN

200 g Blütenknospen von Gänseblümchen oder Löwenzahn
300 ml Weinessig
1/2 TL Salz

Blütenknospen in Essig kurz aufkochen, Salz dazugeben und warm in gut verschließbare Gläser abfüllen.

Mindestens eine Woche ziehen lassen.

Löwenzahnaufstrich

200 Löwenzahnblüten
1 l Wasser
2 Zitronen
1 kg Rohrohrzucker

Löwenzahnblüten mit den in Scheiben geschnittenen Zitronen und Wasser aufkochen.

Über Nacht stehen lassen.

Am nächsten Tag abseihen, Zucker dazugeben und zu einem dickflüssigen Sirup einkochen (ca. 1 Stunde).

In saubere Gläser abfüllen.

Wenn die Sonne kräftiger wird

Es grünt so grün

APRIL BIS JUNI

Gemüse aus der Natur

Brunnenkresse

Brunnenkresse, auch Wasserkresse oder Bachkresse genannt, wird als Gemüse- und auch als Heilpflanze verwendet. Um nicht allein auf die Wildsammlung angewiesen zu sein, wird die Pflanze schon seit dem 16. Jahrhundert in bewässerten „Kressebecken“ kultiviert. Brunnenkresse ist neuerdings auch in der Restaurantküche zu finden.

Die Pflanze

Brunnenkresse gehört zur Familie der Kreuzblütler. Sie ist in Fließgewässern beheimatet. Ihre langen, hohlen Stängel, die mit vielen kleinen, weißen Wurzeln verankert sind, wachsen kriechend unter Wasser. Bis zu 50 cm ragt die Triebspitze aus dem Wasser empor. Die Blätter sind dunkelgrün glänzend und in fünf bis sieben rundliche bis eiförmige Fiederblättchen unterteilt. Die Blüten sind klein, sie bestehen aus vier weißen Kronblättchen mit gelben Staubgefäßen. Blütezeit ist Mai bis September. Brunnenkresse riecht und schmeckt intensiv nach Kresse und ist daher kaum zu verwechseln. Vorsicht ist dennoch geboten, denn der sehr giftige Wasserschierling wächst an ähnlichen Standorten. Er hat feinere Fiederblätter und eine sellerieartige Knolle.

Standort

Wie der Name verrät, ist Brunnenkresse in und an klarem Wasser zu finden: in Gräben und Bächen; hin und wieder findet man Brunnenkresse auch in Feuchtwiesen.

Anbau im Garten

Brunnenkresse kann einfach im Garten oder am Balkon aus Samen oder Stecklingen gezogen werden. Dazu eine Schüssel mit Schlamm oder feuchter Erde füllen, von Mai bis August aussäen oder setzen. Alle paar Tage frisches Wasser (10–15 °C) mit einem Schlauch einrinnen lassen.

Ernte & Lagerung

Geerntet wird ab März. Dazu werden die Blätter einschließlich Stängel und Blüten knapp über der Wasseroberfläche – am besten mit einer Schere – abgeschnitten. Die zurückbleibenden Stängel treiben neu aus. Die Ernte kann das ganze Jahr hindurch fortgesetzt werden.

Achtung vor Parasiten! Es kann vorkommen, dass in der Brunnenkresse Larven vom Großen Leberegel, einem bei Wiederkäuern vorkommenden Parasiten, leben. Leberegeln können sehr gefährlich für Menschen sein, daher vor dem Pflücken vergewissern, dass man nicht in der Nähe von Viehweiden sammelt. Durch Abkochen werden die Parasiten abgetötet.

Inhaltsstoffe & Heilwirkung

Brunnenkresse ist besonders reich an Vitamin C, Carotinen und Eisen. Die enthaltenen sekundären Pflanzenstoffe regen Appetit und Verdauung an. Brunnenkresse wirkt allgemein kräftigend und wurde früher aufgrund des hohen Vitamin-C-Gehaltes als Mittel gegen Skorbut verwendet.

Verwendung

Die pikanten, leicht scharf schmeckenden Blätter der Brunnenkresse sind roh hervorragend für Salate, als Würze für Aufstriche und zur Dekoration geeignet. Durch Garen wird der Geschmack der Brunnenkresse milder.

Hopfensprossen

Hopfen, Wasser und Malz – bei Hopfen denken wir vor allem an die Bierherstellung, wo er als Bitterwürze dient. Doch schon im Altertum waren die feinen Hopfentriebe auch als Gemüse beliebt. Und aus den verholzten alten Hopfensprossen wurden früher sogar Seile hergestellt.

Die Pflanze

Hopfen gehört zu den Hanfgewächsen. Die Hopfentriebe winden sich spindelartig um alles, was erreichbar ist.
Der Stängel ist vierkantig und behaart und wird bis zu 6 m lang. Die Blätter sind ebenfalls rau behaart, drei- bis fünffach gelappt und am Rand gesägt. Zu blühen beginnt die Pflanze ab Juni.
Hopfen ist zweihäusig, eine Pflanze hat also nur männliche oder nur weibliche Blüten. Die weiblichen, stark duftenden Blüten erinnern vom Aussehen an kleine Zapfen und hängen in losen Trauben beisammen.

Standort

Hopfen ist in Auwäldern, an Flussufern und Waldrändern, an Hecken oder Zäunen zu finden.

Anbau im Garten

Hopfenpflanzen können auch im Garten kultiviert werden. Hopfen ist ein Frostkeimer, die Aussaat sollte also im Herbst erfolgen.

Neben der Aussaat kann Hopfen auch gesteckt werden. Dazu werden im Herbst oder zeitig im Frühjahr von Wildhopfen Ausläufer mit vier bis fünf Augen abgeschnitten und im Garten einfach in die Erde gesteckt.
Da Hopfen gerne rankt, am besten an eine Pergola oder an einen hohen Zaun pflanzen oder zur Unterstützung Holzstangen aufstellen.
Um gebleichte Hopfensprossen zu erzielen, kann man die Hopfenpflanzen auch mit einer schwarzen Folie abdecken.

Ernte & Lagerung

Von März bis Mai werden die jungen, dünnen Hopfentriebe geerntet. Die Länge beträgt etwa 10 bis 20 cm. Alles, was mit den Fingernägeln abgebrochen werden kann, ist zart genug zum Verzehr. Sobald die Triebe holzig werden, schmecken sie bitter. Im Kühlschrank sind die zarten Sprossen ein bis zwei Tage haltbar. Blanchiert lassen sich Hopfensprossen gut einfrieren. Hopfenzapfen werden im Spätsommer, kurz vor dem Ausreifen, geerntet. Die Zapfen eignen sich gut zum Trocknen.

Inhaltsstoffe & Heilwirkung

Hopfensprossen sind wie auch die anderen Wildpflanzen gute Vitaminlieferanten im Frühling. Die weiblichen Blütenzapfen enthalten die Bitterstoffe Lupulin und Humulon, die appetitanregend und verdauungsfördernd wirken. Ein Tee aus getrockneten Blütenzapfen wirkt beruhigend und hilft beim Einschlafen.

Verwendung

Junge Hopfensprossen sind sehr zart und schmecken fein aromatisch. Verwendet werden die jungen Triebe wie Spargel – als Gemüse, Salat oder in der Suppe.

Sauerampfer

Sauerampfer ist eines der beliebtesten Wildkräuter. Schon in der Antike und besonders im Mittelalter hatte Sauerampfer in der Naturheilkunde einen festen Platz. Auch als Küchenkraut wurde er früh geschätzt. In Frankreich, wo Sauerampfer einen besonders hohen kulinarischen Ruhm erwarb, wurde die Pflanze bereits im 16. Jahrhundert in Gärten kultiviert.

Die Pflanze

Sauerampfer ist als Knöterichgewächs ein enger Verwandter von Buchweizen und Rhabarber. Von den rund 200 Ampferarten ist Sauerampfer sicher die bekannteste und auch meistverbreitete Art. Die Pflanze wird bis zu einem Meter hoch und hat unverzweigte, nach oben hin rötliche Stängel. Die Blätter sind bis zu 10 cm lang, dunkelgrün glänzend, leicht fleischig und pfeilförmig. Vor der Blüte stehen die Blätter auf Blattstängeln in dichten Büscheln. Ab Mai bilden sich die Blütenstiele, die mit stiellosen Blättchen, deren Öhrchen den Stängel umfassen, bewachsen sind. Die Blätter schmecken – wie der Name schon sagt – säuerlich.

Standort

Sauerampfer wächst auf etwas feuchteren Wiesen und Weiden.

Anbau im Garten

Sauerampfer ist unempfindlich, er kann auf jedem Gartenboden leicht kultiviert werden. Sauerampfer zieht man aus Samen, der im Sommer überall am Weges-

rand oder in Wiesen geerntet werden kann. In Gärtnereien erhält man meist eine etwas größerblättrige Zuchtform.
Ausgesät wird von März bis Mai: Reihenabstand 20 bis 25 cm; die kleinen Pflänzchen auf 10 bis 15 cm in der Reihe vereinzeln. Die Pflanzen sind mehrjährig und bringen viele Jahre hinweg eine reiche Ernte.

Ernte & Lagerung

Geerntet werden die grünen Blätter von März/April bis in den Herbst. Das Herz der Pflanze stehen lassen, damit die Pflanze weiterwachsen kann und ein mehrmaliges Ernten möglich ist. Blättchen mit braunen Flecken meiden, sie sind mit Rostpilzen befallen. Verwenden Sie Sauerampfer möglichst frisch. Im Kühlschrank sind die trockenen, ungewaschenen Blätter verschlossen ein paar Tage haltbar.
Die Blätter sind ungeeignet fürs Trocknen oder Einfrieren.

Inhaltsstoffe & Heilwirkung

Sauerampfer ist überaus reich an Vitaminen, Mineralstoffen und sekundären Pflanzenstoffen. Besonders hervorzuheben ist der hohe Gehalt an der Vitamin-A-Vorstufe Betacarotin, an Eisen und an Vitamin C. Wegen des hohen Vitamin-C-Gehaltes war Sauerampfer früher als Mittel gegen Skorbut bekannt. Aufgrund seiner blutreinigenden, harntreibenden Wirkung eignet sich Sauerampfer gut für eine Frühjahrskur. Roh fördert das Kraut die Verdauung, gegart wirkt Sauerampfer leicht abführend. Verantwortlich dafür ist der Gehalt an Anthrachinonderivaten – auch Inhaltsstoff der gängigen Abführmittel.
Sauerampfer ist, wie auch Spinat oder Rhabarber, reich an Oxalsäure. Diese Säure bindet Blutkalzium und kann so zu Kalziumunterversorung im Blut und auch zur Bildung von Steinen führen. Daher sollte man Sauerampfer nur maßvoll genießen. Personen mit Nieren- oder Lebererkrankungen, mit Arthritis oder mit Nieren-, Gallen- oder Blasensteinen sollten auf den Verzehr ganz verzichten.
Ebenfalls aus diesem Grund ist es empfehlenswert, zu Sauerampfergerichten kalziumreiche Lebensmittel – z. B. Milchprodukte – zu verzehren.

Verwendung

Einfach von der Pflanze direkt in den Mund – so kennt nahezu jedes Kind Sauerampfer. In der Küche werden die jungen Sauerampferblättchen gerne roh als Zutat in grünen Salaten und Aufstrichen verwendet. Gegart ist Sauerampfer Zutat in „grünen Soßen", Suppen und Gemüsegerichten. Kleine Mengen verfeinern den Geschmack von Fleisch-, Fisch- und Getreidespeisen und verleihen ihnen ein würzig-säuerliches Aroma.

Exoten aus dem Garten

Saubohne

Die Saubohne ist auch als Acker-, Pferde- und Puffbohne sowie als Dicke Bohne bekannt. Sie stammt aus dem Mittelmeergebiet, wo sie auch heute noch in der traditionellen Küche auftaucht. Die Saubohne ist eine uralte Kulturpflanze, sie war vor der Entdeckung Amerikas die einzige Bohne in der Alten Welt.

Die Pflanze

Saubohnen gehören zu den Schmetterlingsblütlern. Küchentechnisch ist die Pflanze allerdings eine Hülsenfrucht, deren junge, milchreife Samen gegessen werden. Pro Hülse sind vier bis sechs weiße, grüne oder rötliche Samen von beträchtlicher Größe enthalten.

Anbau im Garten

Die Saubohne wird so früh als möglich, am besten schon ab Ende Februar, an Ort und Stelle ausgesät; Reihenabstand: 50 cm, Abstand in der Reihe 10 bis 15 cm, Saattiefe: 2 bis 3 cm. Es ist günstig, die jungen Pflanzen leicht anzuhäufeln, um die Standfestigkeit zu verbessern. Auch Schnüre, die entlang den Reihen gespannt werden, schützen die großen Pflanzen vor dem Umfallen. Die Saubohne ist sehr robust, sie verträgt leichte Fröste und gedeiht auch in höheren Lagen. Nach gut drei Monaten kann bereits geerntet werden.

Ernte & Lagerung

Anfang Juni beginnt die Ernte der noch unreifen, jungen Samen. Die beste Qualität ist erreicht, wenn die Hülsen noch grün und die Samen noch nicht mehlig sind. Die Pflanzen können mehrmals beerntet werden. In den Hülsen sind die Bohnen bei kühler Lagerung zwei bis drei Wochen haltbar. Die enthülsten Bohnen sind nicht lagerfähig, können blanchiert jedoch gut tiefgekühlt werden.

Inhaltsstoffe & Heilwirkung

Saubohnen zählen zu den eiweißreichsten Gemüsen (6–7 %). Die getrockneten Bohnen haben sogar Eiweißgehalte von 26 bis 28 %. Auch Kohlenhydrate und Ballaststoffe sind in bedeutender Menge enthalten. An Mineralstoffen sind Kalium, Kalzium, Magnesium und Phosphor erwähnenswert, an Vitaminen v. a. die Vitamine B1, C und Folsäure. Die enthaltenen Saponine wirken cholesterinsenkend und antimikrobiell.

Verwendung

Die jungen, unreifen Bohnen werden ausschließlich ausgehülst und nur gegart als Gemüse gegessen. Die Garzeit beträgt 10 bis 15 Minuten. Beliebt sind die Bohnen auch in Eintöpfen oder als Püree. Für 500 Gramm Bohnen benötigt man ca. zwei Kilogramm Schoten.

Schildampfer

Seit dem Altertum wird Schildampfer in den Gärten nördlich der Alpen kultiviert. Mittlerweile ist die Pflanze mit dem zarten Zitronenaroma jedoch fast in Vergessenheit geraten. Zu Unrecht, gehört sie doch von allen kulinarischen Ampferarten sicher zu den schönsten.

Die Pflanze

Schildampfer ist wie auch Sauerampfer ein mehrjähriges Knöterichgewächs. Die Pflanze ist zierlich, sie wird nur ca. 30 cm hoch. Nach ein bis zwei Jahren kann sie allerdings einen Durchmesser von bis zu einem halben Meter erreichen.

Die vielen kleinen, herz- oder schildförmigen Blätter sind silbrig grün gefärbt und dickfleischiger als Sauerampferblätter.

Anbau im Garten

Schildampfer ist anspruchslos. Er gedeiht im Kräutergarten genauso wie im Topf oder Balkonkistchen. Gesät wird von April bis Juni direkt an Ort und Stelle. Die kleinen Pflanzen auf 25 x 25 cm vereinzeln. Denken Sie bei der Wahl des Standortes daran, dass die Pflanze einige Jahre stehen bleibt!

Eine halbschattige Lage ist übrigens für die Ausbildung größerer Blätter günstiger. Der Ampfer zieht über Winter und bei anhaltender Trockenheit ein.

Ernte & Lagerung

Mit der Ernte kann man ab dem fünften Blatt der Rosette beginnen. Das Herz darf nicht verletzt werden, damit die Pflanze weiterwächst. Die schildförmigen Blätter können laufend geerntet werden.

Verwenden Sie Schildampfer möglichst frisch. Im Kühlschrank sind die trockenen, ungewaschenen Blättchen verpackt ein paar Tage haltbar.

Die Blätter eignen sich nicht zum Trocknen oder Einfrieren.

Inhaltsstoffe & Heilwirkung

Schildampfer ist reich an Mineralstoffen und Vitaminen – besonders an Vitamin C. Pfarrer Kneipp schätzte die blutreinigende Wirkung der Blätter. Auch bei Bronchitis und Appetitlosigkeit soll Ampfer helfen.

Wegen des hohen Oxalsäuregehaltes sollte Schildampfer wie auch Sauerampfer nur in Maßen genossen werden.

Verwendung

Schildampfer stellt geschmacklich den verwandten Sauerampfer fast in den Schatten. Die zitronensauren Blätter schmecken als Würze von Salaten, Suppen, Fischen, Fleisch, Gemüsegerichten, Aufstrichen oder als kleine Nascherei beim Gartenspaziergang. Der Saft der Ampferblätter hilft übrigens beim Entfernen von Rost- oder Schimmelflecken.

Kleine Frühlingsgenüsse

Brunnenkressecrostini

4 PORTIONEN

PRO PORTION: 340 kcal, 1420 kJ,
9 g Fett, 55 g Kohlenhydrate, 6 g Ballaststoffe

200 g kleine Champignons
1 Karotte, 1 Apfel
Saft einer halben Zitrone
1 Zwiebel
2 EL Olivenöl
3 EL Ricotta
1/2 Bund Brunnenkresse
Salz, Pfeffer
ein paar Tropfen Zitronensaft
8 Scheiben Weißbrot

Champignons blättrig schneiden, Karotte grob raspeln, Apfel raspeln, sofort mit Zitronensaft beträufeln. Zwiebel fein hacken und in Öl anlaufen lassen, Champignons und Karotten kurz mitbraten.
Überkühlt mit Ricotta, Apfel und gehackter Brunnenkresse mischen. Abschmecken.
Weißbrotscheiben leicht rösten, Masse draufgeben und sofort servieren.

Brunnenkressesalat mit Äpfeln

4 PORTIONEN

PRO PORTION: 180 kcal, 760 kJ,
13 g Fett, 15 g Kohlenhydrate, 6 g Ballaststoffe

- 1 großer Bund Brunnenkresse
- 3 Karotten
- 2 Äpfel
- 2 EL Balsamessig
- 3 EL Olivenöl
- Salz
- 3 EL Walnusskerne

Brunnenkresse gut waschen, Karotten grob raspeln, Äpfel würfeln.

Gemüse und Obst locker mischen, mit der Salatsoße marinieren.

Mit gerösteten Walnusskernen bestreuen.

VARIANTE: ***Für einen feinen Brunnenkressesalat mit Äpfeln und Roten Rüben die Karotten durch würfelig geschnittene, gekochte Rote Rüben ersetzen. Eine Salatsoße aus Apfelessig, Kürbiskernöl und Salz bereiten. Den Salat mit gerösteten Kürbiskernen bestreuen.***

Schnelle Küche

Saubohnensalat

4 PORTIONEN

PRO PORTION: 200 kcal, 830 kJ,
10 g Fett, 17 g Kohlenhydrate, 3 g Ballaststoffe

- 2,5 kg Saubohnen (in der Hülse)
- 2 Knoblauchzehen
- Salz, Pfeffer
- 3 EL Weißweinessig
- 4 EL Olivenöl
- 1 Hand voll Petersilie oder Minze, gehackt

Bohnen enthülsen, waschen, in wenig Wasser 10 Minuten garen.

Aus gepresstem Knoblauch, Salz, Pfeffer, Essig, Öl und gehackten Kräutern eine Salatsoße mischen.

Saubohnen mit der Marinade gut vermengen.

Durchziehen lassen.

Sauerampfermousse

4 PORTIONEN

PRO PORTION: 130 kcal, 540 kJ,
13 g Fett, 3 g Kohlenhydrate, 2 g Ballaststoffe

2 1/2 Blatt Gelatine
2 Bund Sauerampfer
1/2 Becher Joghurt
Salz
Pfeffer
1/2 Becher Schlagobers
schwarze Oliven zum Garnieren

Gelatine in kaltem Wasser einweichen. Sauerampfer fein hacken. Gelatine im Wasserbad schmelzen, mit Joghurt und Sauerampfer verrühren. Kräftig würzen. Geschlagenes Obers unterheben.

Die Masse in Dariolformen oder Kaffeetassen füllen, im Kühlschrank fest werden lassen.

Die Mousses auf Teller stürzen, mit schwarzen Oliven anrichten.

Aus dem Suppentopf

Brunnenkressesuppe mit geröstetem Schwarzbrot

4 PORTIONEN

PRO PORTION: 250 kcal, 1040 kJ,
18 g Fett, 18 g Kohlenhydrate, 4 g Ballaststoffe

Schnelle Küche

1 Zwiebel
20 g Butter
1 Kartoffel
1 l Gemüsesuppe
200 g Brunnenkresse
1/2 Becher Schlagobers
1 Eidotter
Salz, Pfeffer, Zitronensaft

2 Scheiben Schwarzbrot
10 g Butter

Zwiebel fein hacken, in Butter glasig anlaufen lassen, gewürfelten Kartoffel kurz mitdünsten, mit Suppe aufgießen, 10 Minuten leicht kochen.
Grob gehackte Brunnenkresse dazugeben, ein paar Minuten köcheln lassen. Suppe pürieren, mit Obers und Eidotter legieren. Nicht mehr aufkochen lassen. Mit Salz, Pfeffer und Zitronensaft abschmecken.
Schwarzbrot würfeln, in Butter anrösten. Suppe mit gerösteten Schwarzbrotwürfeln servieren.

Gerstensuppe mit Maikräutern

4 PORTIONEN

PRO PORTION: 160 kcal, 670 kJ,
9 g Fett, 14 g Kohlenhydrate, 5 g Ballaststoffe

1 Zwiebel, 2 EL Olivenöl
70 g Rollgerste, 1 l Gemüsesuppe
2 Karotten, 60 g Sellerie
1 EL Olivenöl
1 Bund Sauerampfer oder Schildampfer
1 Bund Brunnenkresse
Salz, Pfeffer

Zwiebel hacken, in Olivenöl glasig anlaufen lassen.
Rollgerste einrühren, mit Suppe ablöschen. 30 Minuten köcheln lassen.
Karotten und Sellerie klein würfeln, in Öl anbraten, grob gehackte Kräuter dazugeben, zusammenfallen lassen.
Gemüse und Kräuter in die Suppe geben, abschmecken.

Hopfensuppe

4 PORTIONEN

PRO PORTION: 90 kcal, 370 kJ,
6 g Fett, 5 g Kohlenhydrate, 1 g Ballaststoffe

1 Zwiebel
20 g Butter
1 EL Mehl
200 ml Milch
750 ml Gemüse- oder Hühnersuppe
ca. 40 Hopfensprossen
Salz, Pfeffer
Muskatnuss
Zitronensaft

Zwiebel fein hacken, in Butter glasig anlaufen lassen, mit Mehl stauben, durchrühren. Mit Milch unter kräftigem Rühren löschen. Suppe aufgießen.

In 3 cm lange Stücke geschnittene Hopfensprossen dazugeben, ca. 5 Minuten köcheln lassen.

Mit Salz, Pfeffer, Muskat und Zitronensaft abschmecken.

Eventuell mit Obers verfeinern.

Kartoffel-Saubohnen-Suppe

4 PORTIONEN

PRO PORTION: 190 kcal, 800 kJ,
6 g Fett, 19 g Kohlenhydrate, 5 g Ballaststoffe

1 kg Saubohnen (in der Hülse)
1 Zwiebel
2 EL Olivenöl
1 Karotte
4 Kartoffeln
750 ml Suppe oder Wasser
Kümmel, Rosmarin
Salz, Pfeffer
2 EL Tomatenmark
1–2 EL Sauerrahm

Bohnen enthülsen, waschen. Gehackte Zwiebel in Öl glasig anlaufen lassen, würfelig geschnittene Karotte und Kartoffeln kurz mitrösten, mit Suppe oder Wasser aufgießen.

Mit Kümmel und Rosmarin würzen.

Nach 5 Minuten die Bohnen dazugeben.

Fertig garen, mit Salz, Pfeffer und Tomatenmark kräftig abschmecken.

Mit einem Tupfer Sauerrahm servieren.

Sauerampfercremesuppe mit Kartoffelchips

4 PORTIONEN

PRO PORTION: 230 kcal, 960 kJ,
12 g Fett, 18 g Kohlenhydrate, 5 g Ballaststoffe

KARTOFFELCHIPS:
2 Kartoffeln
2 EL Sonnenblumenöl

SUPPE:
2 Kartoffeln
300 g Sauerampfer
2 EL Butter
750 ml Gemüsesuppe
125 ml Weißwein
Salz, Pfeffer
2 EL Sauerrahm

1 Hand voll Sauerampfer zum Garnieren

Backrohr auf 200 °C vorheizen. Kartoffeln in feine Scheiben schneiden und auf ein mit Backpapier belegtes Blech legen, mit Öl bepinseln und im Rohr knusprig backen.

Kartoffeln schälen und würfeln, Sauerampfer grob hacken. Kartoffeln und Ampfer in Butter leicht andünsten, mit Suppe aufgießen, 10 Minuten köcheln lassen. Pürieren, mit Wein aufgießen. Abschmecken. Sauerrahm unterrühren.

Die Suppe mit geschnittenen Sauerampferblättern und Kartoffelchips servieren.

Schnelle Küche

Geeiste Schildampfersuppe mit Räucherlachs

4 PORTIONEN

PRO PORTION: 260 kcal, 1080 kJ,
21 g Fett, 8 g Kohlenhydrate, 1 g Ballaststoffe

500 g Sauermilch
1 Becher Sauerrahm
1/2 Becher Schlagobers
1 Bund Schildampfer, Salz, Pfeffer
100 g Räucherlachs
ein paar Schildampferblätter zum Garnieren

Sauermilch, Sauerrahm, Schlagobers und gehackten Schildampfer pürieren und abschmecken.

Mindestens eine Stunde kühl stellen. Mit Räucherlachsstreifen und gehackten Schildampferblättern garnieren.

Hauptsache (in) Grün

Brunnenkressesoufflé

4 PORTIONEN

PRO PORTION: 320 kcal, 1340 kJ,
21 g Fett, 12 g Kohlenhydrate, 3 g Ballaststoffe

400 g Brunnenkresse
5 EL Schlagobers
100 g geriebener Bergkäse
1 Knoblauchzehe
6 Eidotter
Salz, Pfeffer, Muskatnuss
6 Eiklar
5 EL Mehl

Brunnenkresse fein hacken, mit Obers, Käse, gehacktem Knoblauch und Eidottern verrühren.

Mit Salz, Pfeffer und Muskat würzen, Eischnee und Mehl unterheben.

Die Masse in eine gebutterte, bemehlte Souffléform füllen und bei 180 °C 40 Minuten backen.

Brunnenkresselaibchen

4 PORTIONEN

PRO PORTION: 300 kcal, 1250 kJ,
12 g Fett, 34 g Kohlenhydrate, 5 g Ballaststoffe

500 g mehlige Kartoffeln
200 g Brunnenkresse
1 kleines Ei
ca. 80 g griffiges Mehl (oder Vollkornmehl)
Salz
120 g Schafkäse
Öl

Kartoffeln dämpfen, schälen und pressen.

Brunnenkresse fein hacken.

Kartoffeln, Kresse, Ei, Salz und Mehl zu einem Teig verarbeiten. Würfelig geschnittenen Käse unter den Kartoffelteig mischen.

Laibchen formen und in heißem Fett beidseitig goldbraun anbraten.

Hopfensprossen

4 PORTIONEN

PRO PORTION: 80 kcal, 330 kJ,
8 g Fett, 1 g Kohlenhydrate, 1 g Ballaststoffe

40 Hopfensprossen
Salz
4–5 EL Zitronensaft
Pfeffer
30 g Butter oder 3 EL Olivenöl

Hopfensprossen in Salzwasser 4 bis 5 Minuten bissfest garen, in kaltem Wasser abschrecken. Mit Zitronensaft und Pfeffer würzen. Mit zerlassener Butter oder Olivenöl beträufeln. Lauwarm servieren.

Schnelle Küche

VARIANTEN: ***Hopfen statt mit Butter oder Olivenöl mit einer Sherrysoße servieren. Dazu aus 2 EL Weißweinessig, 2 EL Sherry (trocken), Pfeffer und 4 EL Olivenöl eine Soße rühren und über den Hopfen gießen. Mit gerösteten, gehackten Walnüssen oder Pinienkernen und Petersilie bestreuen. Auch eine Sauce hollandaise schmeckt zu Hopfensprossen: 2 Eidotter mit 2 EL Hopfenkochwasser und 1 TL Zitronensaft, Salz und Pfeffer über Wasserdampf schaumig schlagen, 120 g zerlassene Butter langsam einschlagen. Die Soße abschmecken.***

Hopfensprossenquiche

6 PORTIONEN

PRO PORTION: 330 kcal, 1380 kJ,
23 g Fett, 22 g Kohlenhydrate, 4 g Ballaststoffe

TEIG:
200 g Weizen(vollkorn)mehl
125 g Butter
3 EL Wasser
Salz, Pfeffer
2 EL geriebener Käse

BELAG:
30–40 Hopfensprossen
3 Eier
100 g Sauerrahm oder Milch
Salz, Pfeffer

Für den Teig alle Zutaten verkneten, 30 Minuten rasten lassen.

Hopfensprossen blanchieren.

Eier und Milch/Rahm verquirlen, würzen.

Eine Quiche- oder Tortenform mit dem Teig auslegen, 10 Minuten bei 180 °C vorbacken.

Hopfentriebe auf dem Teigboden verteilen, mit der Eiermilch übergießen, weitere 20 bis 30 Minuten backen.

Hopfengratin

2 PORTIONEN

PRO PORTION: 210 kcal, 880 kJ,
16 g Fett, 4 g Kohlenhydrate, 2 g Ballaststoffe

20 g Butter
2 Hand voll Hopfensprossen
80 ml Weißwein
Muskatnuss, Salz, Pfeffer
1/2 Becher Sauerrahm
20 g Parmesan

Butter zerlassen, Hopfen darin andünsten, Wein aufgießen und mit Muskat, Salz und Pfeffer würzen.

Zugedeckt ca. 3 Minuten garen.

Die Hopfensprossen in eine Auflaufform schichten.

Garsud mit Sauerrahm verrühren, über den Hopfen gießen, mit geriebenem Käse bestreuen.

Im vorgeheizten Rohr bei 210 °C ca. 10 Minuten überbacken.

Saubohnengemüse mit Speck

4 PORTIONEN

PRO PORTION: 180 kcal, 750 kJ,
7 g Fett, 17 g Kohlenhydrate, 3 g Ballaststoffe

70 g Speck
1 Zwiebel
2,5 kg Saubohnen (in der Hülse)
Majoran
Thymian
Bohnenkraut
Salz, Pfeffer

Speck würfeln, Zwiebel hacken und mit dem Speck anbraten.

Die ausgelösten Bohnen mitrösten, mit wenig Wasser aufgießen, würzen und ca. 15 bis 20 Minuten köcheln lassen, bis die Bohnen weich sind.

Saubohnen – natur

4 PORTIONEN

PRO PORTION: 180 kcal, 750 kJ,
8 g Fett, 17 g Kohlenhydrate, 3 g Ballaststoffe

2,5 kg Saubohnen (in der Hülse)
etwas Bohnenkraut
Salz, Pfeffer
30 g Butter oder 3 EL Olivenöl
1 Hand voll Petersilie und Minze

Bohnen enthülsen, waschen, mit Bohnenkraut ca. 15 Minuten in wenig Salzwasser leicht kochen. Mit Butter oder Öl, Pfeffer und gehackten Kräutern abschmecken.

TIPP: ***Die Saubohnen natur sind mit Kartoffeln und Kräutertopfen eine komplette Mahlzeit.***

Sauerampfer-Spinat-Borschtsch

4 PORTIONEN

PRO PORTION: 330 kcal, 1380 kJ,
11 g Fett, 29 g Kohlenhydrate, 10 g Ballaststoffe

400 g Suppenfleisch (Ochs oder Kalbin)
1 Karotte
1 Petersilwurzel
100 g Sellerie
1 Zwiebel
1 Lorbeerblatt
Salz, Pfefferkörner
500 g Kartoffeln
200 g Rote Rüben
10 g Butter
1/2 TL Zucker oder Honig
1 Schuss Essig
2 EL Tomatenmark
300 g Spinat
200 g Sauerampfer
1 Stange Lauch
Sauerrahm und Dille zum Garnieren

Fleisch, geputztes Suppengemüse, halbierte Zwiebel, Pfefferkörner, Lorbeer und Salz in 1 l Wasser zustellen. Etwa 2 Stunden lang eine kräftige Suppe kochen.
Karotte, Petersilwurzel und Sellerie aus der Suppe nehmen, in Streifen schneiden.
Fleisch ebenfalls herausnehmen, in dünne Scheiben schneiden. Suppengemüse und Fleisch beiseite stellen. Gewürfelte Kartoffeln in der abgeseihten Suppe 10 Minuten kochen. Geschälte, in Streifen geschnittene Rote Rüben in Butter andünsten, mit etwas Suppe aufgießen, mit Zucker, Essig und Tomatenmark würzen, fertig garen, zu den Kartoffeln in die Suppe geben. Spinat, Sauerampfer und Lauch waschen, in feine Streifen schneiden und auch in die Suppe geben. Weitere 5 Minuten kochen. Abschmecken.
Borschtsch in Suppentellern anrichten, Fleisch und Gemüse dazugeben. Mit einem Löffel Sauerrahm und Dille garnieren.

Sauerampferforelle mit Gemüsejulienne

4 PORTIONEN

Pro Portion: 300 kcal, 1260 kJ,
11 g Fett, 9 g Kohlenhydrate, 6 g Ballaststoffe

400 g Karotten
100 g Gelbe Rüben
200 g Lauch
1 Bund Sauerampfer
4 Forellen, küchenfertig
Saft einer Zitrone
Salz
Pfeffer
2 EL Olivenöl

Backofen auf 200 °C vorheizen, Karotten und Gelbe Rüben in feine Stifte, Lauch ringelig schneiden, Sauerampfer waschen. Forellen mit Zitronensaft außen und innen marinieren, salzen und pfeffern, mit Sauerampfer und Gemüse füllen. Die Fische auf eine befettete Alufolie legen, restliches Gemüse dazugeben, Alufolie oben schließen, die Forellen in den Bräter legen und im Ofen ca. 20 Minuten garen.

TIPP: ***Zu dem Gericht passen Kartoffeln. Wer es cremig liebt, serviert den Fisch mit einem Löffel Sauerrahm.***

Gebratenes Fischfilet mit Schildampfersenfsoße

4 PORTIONEN

PRO PORTION: 320 kcal, 1340 kJ, 18 g Fett, 5 g Kohlenhydrate, 2 g Ballaststoffe

4 Fischfilets (z. B. Zander, Barsch ...)
Saft einer Zitrone
Salz
Pfeffer
Mehl
3 EL Olivenöl
300 g Lauch
100 g Schildampfer
1/2 Becher Schlagobers
1/8 l Weißwein
1 EL Dijonsenf

Fischfilets mit Zitronensaft marinieren, salzen, pfeffern, auf einer Seite bemehlen. Mit der bemehlten Seite in Öl anbraten. Nach wenigen Minuten wenden und fertig braten. Im Rohr warm halten. Im Bratfett ringelig geschnittenen Lauch braten, grob gehackten Ampfer untermischen. Obers und Weißwein aufgießen, mit Senf, Salz und Pfeffer abschmecken. Fisch auf der Soße servieren.

VARIANTE: ***Den gebratenen Fisch auf gedünstetem Spinat-Schildampfer-Gemüse anrichten.***

Köstliche Kleinigkeiten

Brunnenkressebutter

4 PORTIONEN

PRO PORTION: 240 kcal, 1000 kJ,
25 g Fett, 1 g Kohlenhydrate, 1 g Ballaststoffe

40 g Brunnenkresse
120 g Butter
2 EL Topfen
Salz
Pfeffer
1 Prise Kreuzkümmel, gemahlen

Brunnenkresse sehr fein hacken, mit den anderen Zutaten gut vermischen.

Eine Rolle formen, im Kühlschrank gut durchkühlen lassen.

TIPP: ***Passt zu Kartoffeln, gegrilltem Gemüse, Fisch oder Fleisch.***

Brunnenkresse-Kürbis-Pesto

Schnelle Küche

4 PORTIONEN

PRO PORTION: 390 kcal, 1630 kJ,
39 g Fett, 1 g Kohlenhydrate, 1 g Ballaststoffe

100 g Brunnenkresse
1 Knoblauchzehe
50 g Parmesan
50 g Kürbiskerne
125 ml Olivenöl
Salz, Pfeffer
Saft einer halben Zitrone

Gewaschene Brunnenkresse fein schneiden, zusammen mit gepresstem Knoblauch, geriebenem Parmesan, gehackten, gerösteten Kürbiskernen und dem Öl mit dem Mixstab fein pürieren oder mörsern.

Mit Salz, Pfeffer und Zitronensaft abschmecken.

TIPP: ***Brunnenkressepesto schmeckt zu Nudeln und Suppen.***

Sauerampfersoße

4 PORTIONEN

PRO PORTION: 60 kcal, 250 kJ,
4 g Fett, 4 g Kohlenhydrate, 1 g Ballaststoffe

1 Schalotte
1 EL Butter
1 EL Mehl
1/4 l Gemüsesuppe
100 g Sauerampfer
1/2 Becher Sauerrahm
Salz, Pfeffer
Koriander, gemahlen

Schalotte fein hacken, in Butter glasig anlaufen lassen.

Mit Mehl stauben, Gemüsesuppe nach und nach aufgießen, dabei mit dem Schneebesen kräftig durchrühren.

Gehackte Sauerampferblätter dazugeben, 5 Minuten köcheln lassen. Rahm einrühren, mit Salz, Pfeffer und Koriander abschmecken.

TIPP: ***Passt gut zu gekochtem Rindfleisch und zu Fisch.***

Schildampfermayonnaise

4 PORTIONEN

PRO PORTION: 290 kcal, 1210 kJ,
30 g Fett, 1 g Kohlenhydrate, 1 g Ballaststoffe

1 Eidotter
1 TL Senf
Saft einer halben Zitrone
Salz
weißer Pfeffer
125 ml Öl
1/2 Zwiebel
1 EL Kapern
2 kleine Essiggurken
60 g Schildampferblätter

Eidotter, Senf, Zitronensaft, Salz und Pfeffer mit dem Mixer glatt rühren. Unter ständigem Rühren tropfenweise das Öl einfließen lassen.

Zwiebel, Kapern, Gurken und Ampferblätter fein hacken und mit der Mayonnaise verrühren.

Abschmecken.

TIPP: ***Die Schildampfermayonnaise passt zu gegrilltem Fisch und Fleisch oder zu Spargel.***

Die süßen Boten des Frühlings

MÄRZ BIS JUNI

Holunder

„Wenn Du am Hollerbusch vorbeigehst, ziehe den Hut!" Früher hatte man gerne einen Holunderstrauch in der Nähe – zu kulinarischen Zwecken, vor allem aber als „Hausapotheke". Im Holler, heißt es, leben die Elfen, die früher auch „Holden" genannt wurden. Ihre Königin ist die mütterliche Frau Holda oder Frau Holle, eine germanische Göttin. Sie ist uns aus dem Märchen der Gebrüder Grimm bekannt.

Die Pflanze

Schwarzer Holunder gehört zur Familie der Geißblattgewächse. Der Holunder ist ein Strauch oder Baum, der ca. 7 m hoch werden kann und häufig sehr buschig und breit ist. Die Rinde der Stämme und Äste ist warzig, die Zweige sind hohl und enthalten ein weiches Mark. Daher sind Holunderzweige auch zum Bauen von einfachen Pfeifen beliebt. Die Blätter sind unpaarig gefiedert.

Die Pflanze besitzt einen speziellen Geruch, den manche Menschen widerlich finden. Ebenfalls intensiv, aber sehr viel besser riechen die weißen Blüten. Die endständigen, schirmförmigen Trugdolden können bis zu 25 cm im Durchmesser erreichen.

Holler blüht von April bis Juni. Im Spätsommer bis Herbst reifen die Blüten zu schwarzen Beeren.

Standort

Holunder kommt in unseren Breiten nahezu überall vor. Bevorzugt wächst er in Auwäldern und an Bachufern. Doch auch in immer mehr Gärten wird der Holler nicht nur im hinteren Winkel geduldet, sondern bekommt einen Ehrenplatz in der „Marmeladehecke".

Anbau im Garten

Holler ist sehr anspruchslos. Das Einzige, was er braucht, ist viel Platz. Vermehrt wird durch Stecklinge. Er wächst in der Sonne oder im Halbschatten. Ein Baumschnitt ist nicht nötig, wird aber gut vertragen.

Ernte & Lagerung

Hollerblüten müssen sofort nach der Ernte verarbeitet werden, da sie sehr rasch welken. Für Tees können die Blüten getrocknet werden.
Die Früchte von Holler werden ab August geerntet, dann von den Dolden abgezupft und weiterverarbeitet.

Inhaltsstoffe & Heilwirkung

Hollerbeeren haben einen hohen Kalium- und Eisengehalt und sind sehr vitaminreich. Die sekundären Pflanzenstoffe Tannine und Flavonoide sind für den Geschmack und die dunkle Farbe der Beeren verantwortlich.
Tee aus den getrockneten Blüten gilt als Mittel zur Vorbeugung und als Arznei gegen Erkältung und Grippe und hilft – aufgrund der harntreibenden Wirkung – bei Blasen- oder Nierenproblemen. Auch die Beeren sind in der Grippezeit gefragt. Sie werden als Heilmittel bei Erkältung, Husten, Halsschmerzen, Grippe, Asthma und Rheumatismus eingesetzt.

Verwendung

Im Mai duftet es in Wiesen und Gärten von allen Seiten. Ein besonders betörender Duft kommt von den Hollerblüten. Daher wird Holunder besonders gerne zur Aromatisierung von Süßspeisen und Getränken verwendet.

Rhabarber

Die Obstsaison beginnt bei uns mit Rhabarber. Dabei zählt die Pflanze eigentlich zum „Stängelgemüse" und gar nicht zum Obst.
Die herbe Säure des Rhabarbers ist nicht jedermanns Sache. Wer sich allerdings einmal in Rhabarber verliebt hat, freut sich alljährlich auf dieses frühe „Gemüse".
Der Name „Rhabarber" gibt übrigens Einblick in die Geschichte der Pflanze. Rhabarber und Barbar haben die gleichen Wurzeln: das griechische Wort „barbarados", was „fremdländisch" bedeutet. Die erste Silbe seines Namens, „Rha" ist der alte Name des Flusses Wolga. An seiner Mündung wurde „die fremdländische Wurzel" angebaut.
Im Altertum war Rhabarber als Heilpflanze beliebt – man verwendete die Wurzel z. B. als Abführmittel.
Erst vor 250 Jahren hat man in England entdeckt, dass auch die fleischigen Stängel essbar sind.

Die Pflanze

Rhabarber ist eine mehrjährige Pflanze. Sie verschwindet während des Winters vollständig von der Erdoberfläche und beginnt im zeitigen Frühjahr neu zu treiben. Fleischige Stängel mit großen Blättern sprießen schon ab Februar/März aus dem Boden. Es gibt grün- und rotstieligen Rhabarber. Grünstielige Sorten mit grünem Fruchtfleisch sind sehr sauer. Am mildesten sind die rotstieligen Sorten mit rotem Fruchtfleisch. Sie haben ein feines Himbeeraroma und enthalten weniger Oxalsäure und Nitrat.

Anbau im Garten

Im Frühling oder Herbst werden die Wurzelstöcke im Abstand von einem Meter gepflanzt. Rhabarber braucht einen nährstoffreichen, feuchten, evtl. halbschattigen Platz. Drei bis fünf Stauden decken den Bedarf eines durchschnittlichen Haushaltes. Im zweiten Jahr nach der Pflanzung wird das erste Mal geerntet.

Die Ernte kann früher beginnen, wenn die Pflanzen geschützt im Folientunnel oder unter Vlies wachsen. Die Pflanze kann acht bis zehn Jahre am selben Standort bleiben, danach den Stock teilen und an anderer Stelle neu pflanzen. Im Herbst alle Blätter und Stängel entfernen.

Ernte & Lagerung

Vom Rhabarber essen wir die saftig-fleischigen, säuerlichen, rotgrünen Blattstängel. Die großen Blätter enthalten sehr viel Oxalsäure und sind für den Menschen ungenießbar. Die Ernte beginnt Ende März/Anfang April und endet mit Ende Juni. Eine Bauernregel besagt, dass ab Johanni, das ist der 24. Juni, kein Rhabarber mehr geerntet werden soll. Diese Regel dient der Regeneration der Pflanze und kommt nicht, wie oft irrtümlich angenommen wird, vom ab diesem Zeitpunkt zu hohen Oxalsäuregehalt.
Für die Ernte werden die Stängel vorsichtig am Wurzelhals abgedreht. Nur so viel ernten, dass die Pflanze gut weiterwachsen kann. In ein feuchtes Tuch eingeschlagen, hält Rhabarber mehrere Tage im Gemüsefach des Kühlschranks.

Inhaltsstoffe & Heilwirkung

Rhabarber ist reich an Vitamin C und K, an Kalium, Magnesium, Pflanzenphenolen und – man schmeckt es – an Fruchtsäuren. Neben der Apfelsäure ist vor allem die Oxalsäure enthalten. Zu viel Oxalsäure ist schädlich für unseren Körper. Die Säure und ihre löslichen Salze bilden nämlich mit dem Blutkalzium das unlösliche Kalziumoxalat. Im schlimmsten Fall könnte dies zu Steinbildung z. B. in der Niere führen. Wer in der Rhabarbersaison ein-, zweimal in der Woche Rhabarber isst, braucht sich diesbezüglich allerdings keine Sorgen zu machen. Die kritische Dosis von 5 bis 15 g Oxalsäure für einen Erwachsenen kann durch den Verzehr von Rhabarberstängeln mit einem Oxalsäuregehalt von etwa 0,23 bis 0,5 g pro 100 g nicht erreicht werden. Gut ist auf jeden Fall, wenn zu Rhabarber Milch oder Milchprodukte verzehrt werden, denn das Kalzium aus der Milch bindet einen Teil der Oxalsäure, so kann sie vom Körper erst gar nicht aufgenommen werden.

TIPP: ***Schälen Sie vor der Verwendung die Rhabarberstängel gründlich, da sich die Hauptmenge der Oxalsäure in den Blättern und in der Schale befindet.***

Verwendung

Obwohl Rhabarber zum Gemüse zählt, wird er meist wie Obst zu Marmelade, Kompott, Saft, Süßspeisen und Kuchen verarbeitet. Die sauren Stängel harmonieren einfach hervorragend mit üppiger Süße. Rhabarber sollte frisch verwendet werden. Zur Zubereitung müssen Blattansatz und Stielende abgeschnitten und die Stängel zerkleinert werden. Sehr fasrige Stiele sollten auch geschält werden. Rhabarber eignet sich auch zum Konservieren: Er kann problemlos eingefroren werden und schmeckt gut in Mischkonfitüren oder Chutneys. Auch als Saft (z. B. 5 Teile Rhabarber, 2 Teile Zucker, 1 Teil Wasser im Dampfentsafter) kann Rhabarber in den Sommer und Herbst „gerettet" werden.

Veilchen

Blüten gehören zu den optisch reizvollsten Zutaten in der Küche. Die kulinarische Verwendung von Blüten hat eine jahrtausendelange Tradition. Das Wohlriechende Veilchen, auch Märzveilchen genannt, ist wohl einer der lieblichsten Frühlingsboten.

Wegen seines verführerischen Duftes – nicht zufällig ist die Pflanze der Venus geweiht – und der attraktiven Farbe wird es für Kosmetika und zur Aromatisierung von Speisen und Getränken verwendet.

Die Pflanze

In Europa gibt es über 90 verschiedene Veilchenarten. Die meisten haben nicht duftende Blüten. Da keine dieser Pflanzen giftig ist, birgt eine Verwechslung keine Gefahr. Nur der Duft ist eben nicht so betörend.
Die Blüten des Wohlriechenden Veilchens duften besonders stark und sind dunkelviolett gefärbt. Blütezeit ist von März bis Mai. Die Pflanze ist 10 bis 20 cm hoch, die Blätter sind herzförmig.

Standort

Veilchen wachsen in Gärten, an Rainen und Waldrändern.

Anbau im Garten

Veilchen sind leicht aus Ausläufern zu vermehren. Eine Anzucht aus Samen ist ungeeignet, da viele Samen unbefruchtet bleiben. Im zeitigen Frühjahr werden die Veilchenableger im Abstand von 20 bis 40 cm an einem halbschattigen, nährstoffreichen Standort angepflanzt.

Ernte & Lagerung

Veilchenblüten sind sehr empfindlich – rasch nach der Ernte verarbeiten. Die Blüten können auch getrocknet werden – für Tee oder zur Aromatisierung von Zucker.

Inhaltsstoffe & Heilwirkung

Der Tee oder Sirup von Veilchen wirkt mild abführend und beruhigend. Veilchen werden in der Volksheilkunde auch bei Husten, Kopfweh und Schlaflosigkeit eingesetzt.

Verwendung

Essbare Blüten sind eine farbenfrohe Garnierung von süßen und pikanten Speisen. Mit dem delikaten Aroma verfeinern Veilchen besonders Salate, Salatmarinaden, Obstsalate, Sorbets, Eiscremes, süße Aufstriche und Getränke. Klassisch sind die kandierten Veilchen, die zu Beginn des vorigen Jahrhunderts als Nascherei auf Jahrmärkten angeboten wurden.
Zum Garnieren von Süßspeisen und Torten werden die verzuckerten Blüten heute noch gerne verwendet.

Waldmeister

Waldmeister, er wird auch Maikraut, Leberkraut oder Waldmännchen genannt, wurde schon im Mittelalter zur Zubereitung aromatischer „Maiweine" verwendet. Noch heute kennen wir Waldmeister vor allem als Zutat der berühmten Maibowle.

Die Pflanze

Waldmeister ist eine zarte, weiß blühende Pflanze, die rund 20 cm hoch wird. Der Stängel ist aufrecht und vierkantig, auf ihm sitzen etagenweise sechs bis acht feine, lanzettartige Blättchen als Rosette. Die endständigen Blüten sind ca. 2 mm groß und setzen sich aus vier trichterförmig stehenden Blütenblättchen zusammen.

Die frische Pflanze riecht fast nicht, die welkenden Pflanzen verströmen hingegen einen intensiven süßlich aromatischen Heuduft.
Verwechslungsgefahr besteht mit dem ungiftigen Waldlabkraut. Dieses wird jedoch höher und hat einen runden Stängel.

Standort

Waldmeister kommt in lichten Laubwäldern, vor allem unter Buchen, vor.

Anbau im Garten

Als Waldpflanze braucht Waldmeister einen schattigen, mäßig sauren Standort. Die Anzucht aus Samen ist schwierig und braucht Geduld. Sicherer ist das Aussetzen von Jungpflanzen, die aus dem Wald oder von einer Staudengärtnerei stammen. Gepflanzt wird im Frühherbst oder im zeitigen Frühjahr – am besten unter Bäumen.

Ernte & Lagerung

Waldmeister treibt ab März aus. Von Mai bis Juni blüht die Pflanze. Für Bowlen und Desserts wird Waldmeister vor oder während der Blüte geerntet. Als Heilkraut wird nur die blühende Pflanze verwendet.
Geerntet wird die gesamte Pflanze bis zur unteren Blattrosette. Diese sollte man stehen lassen, damit die Pflanze weiterwachsen kann.
Waldmeister lässt sich gut trocknen. Dazu wird das Kraut zu kleinen Sträußchen gebunden und an einem trockenen, luftigen Ort aufgehängt.

Inhaltsstoffe & Heilwirkung

Verantwortlich für den typischen Waldmeistergeruch sind Kumarine, das sind chemische Substanzen, die beim Anwelken und Trocknen der Pflanze gebildet werden. Waldmeister wirkt beruhigend und leicht harntreibend. Eine Tasse Waldmeistertee hilft bei Migräne. In der Naturheilkunde wird Waldmeister auch zur Verflüssigung des Blutes, zur Harmonisierung der Herztätigkeit, zur Lösung von Darmkrämpfen und zur Behandlung von Leberstauungen eingesetzt.
Waldmeister sollte nur in Maßen verwendet werden! Zu viel Waldmeister kann zu schlimmen Kopfschmerzen führen.

Verwendung

Berühmt ist die Waldmeisterbowle, doch auch zur Aromatisierung anderer Getränke und Süßspeisen oder als Gewürz von Kartoffelspeisen oder Suppen wird Waldmeister gerne verwendet.

Sirupe & Getränke

Hollersirup

10 Hollerblütendolden
1 l Wasser, abgekocht
2 kg Zucker (evtl. Rohrohrzucker)
50 g Zitronensäure
2 unbehandelte Zitronen

Die Hollerblüten in einen hohes (Gurken-)Glas geben. Heißes Wasser, Zucker und Zitronensäure rühren, bis der Zucker gelöst ist und über die Blüten gießen.

Die in Scheiben geschnittenen Zitronen dazugeben, gut umrühren, zugedeckt ca. 10 Tage stehen lassen. Täglich umrühren. In saubere Flaschen abfüllen, diese gut verschließen.

Veilchensirup

1 Hand voll Veilchenblüten
250 ml Wasser, abgekocht
250 g Zucker oder 300 g Honig
Saft einer Zitrone

Wasser über die Blüten gießen, 24 Stunden zugedeckt stehen lassen, abseihen.

Den Veilchensaft mit Zucker/Honig und dem Saft der Zitrone aufkochen.

In saubere Flaschen abfüllen.

TIPP: ***Die geschmacksintensiven Sirupe von Veilchen und Holunder sind mit Wasser verdünnt beliebte Erfrischungsgetränke. Gemischt mit Sekt oder Wein werden sie als Aperitif serviert. Das delikate Aroma der Blütensirupe verfeinert zudem Sorbets, Eiscremes oder Puddings. Waldmeistersirup ist eine aparte Geschmackszutat für Parfaits, Cremes, Mixgetränke usw. Die Sirupe sind geschlossen mehrere Monate haltbar.***

Waldmeistersirup

100 ml Wasser
150 g Zucker
10 Stämmchen Waldmeister

Zucker und Wasser aufkochen, Waldmeister einlegen und mindestens über Nacht ziehen lassen.

Abseihen, in eine saubere Flasche abfüllen.

Hollerbowle

8–10 GLÄSER

5 Hollerblütendolden
2 EL Grapefruit- oder Zitronensaft
6 EL Zucker oder Honig
60 ml Arrak
1 Flasche trockener Weißwein, eisgekühlt
1 Flasche Sekt

Hollerblüten mit Arrak, Saft, Zucker/Honig und Wein übergießen.

6 Stunden stehen lassen, dann abseihen, mit Sekt aufgießen.

Hollersekt

3 unbehandelte Zitronen
12 Hollerblütendolden
5 l Wasser
750 g Zucker
250 ml Weinessig

Die Zitronen in Scheiben schneiden, alle Zutaten vermischen, bis sich der Zucker aufgelöst hat.

5 bis 7 Tage an einem warmen Ort zugedeckt stehen lassen, abseihen und in dickwandige, gut verschließbare Flaschen füllen.

Mindestens 14 Tage ruhen lassen.

Waldmeisterbowle

8–10 GLÄSER

6 Stämmchen Waldmeister
1 unbehandelte Orange
1 Flasche trockener Weißwein, eisgekühlt
1 Flasche Sekt oder Mineralwasser

Waldmeister und Orangenscheiben in ein Glasgefäß geben, mit Wein übergießen und 2 bis 3 Stunden kalt stellen.

Sekt oder Mineralwasser erst kurz vor dem Servieren zum Wein geben.

Hollertee

1 TASSE

3 TL Hollerblütendolden
250 ml Wasser, kochend
Honig nach Belieben

Die Blüten überbrühen, 10 bis 15 Minuten ziehen lassen, abseihen. Nach Geschmack süßen.

Hellblauer Veilchentee

1 TASSE

1 TL Veilchenblüten
250 ml Wasser, kochend
Honig nach Belieben

Veilchen überbrühen, 10 Minuten ziehen lassen, abseihen. Nach Geschmack süßen.

Waldmeistertee

1 TASSE

1 TL getrocknetes Waldmeisterkraut
250 ml Wasser, kochend
Honig nach Belieben

Waldmeister überbrühen, 7 Minuten ziehen lassen, abseihen. Nach Geschmack süßen.

Hollermilch

4 GLÄSER

750 ml Milch
2 Hollerblütendolden
2 EL Honig
Vanillezucker

Die kochende Milch über die Blüten gießen, 15 Minuten ziehen lassen, abseihen. In die noch warme Milch Honig und Vanillezucker einrühren.

VARIANTE: ***Die Hollermilch mit einem Schuss Cognac oder Rum abschmecken.***

Fruchtiges & Cremiges

Topfen-Holler-Nockerln auf Erdbeerspiegel

4 PORTIONEN

PRO PORTION: 200 kcal, 840 kJ,
10 g Fett, 15 g Kohlenhydrate, 1 g Ballaststoffe

NOCKERLN:
250 g Topfen
ca. 60 ml Hollersirup (je nach Süße)
1/2 Becher Joghurt
3 Blatt Gelatine
2 EL Hollersirup

1 Becher Schlagobers

ERDBEERSOSSE:
200 g Erdbeeren
2 EL Staubzucker oder Honig
1 EL Grand Marnier
Saft einer halben Zitrone

4 Hollerblüten zum Garnieren

Topfen mit Hollersirup und Joghurt glatt rühren.

Gelatine in kaltem Wasser einweichen, ausdrücken und in 2 EL Hollersirup erwärmen, bis sie aufgelöst ist.

Flüssige Gelatine rasch mit dem Schneebesen unter die Topfenmasse rühren.

Zuletzt geschlagenes Obers unterheben. Mehrere Stunden kühl stellen.

Erdbeeren waschen, pürieren.

Soße abschmecken.

Auf einen Teller Erdbeersoße geben, darauf die Nockerln setzen, die mit einem Löffel aus der gut gekühlten Topfen-Holler-Masse ausgestochen werden.

Mit Hollerblüten garnieren.

VARIANTE: ***Topfen-Holler-Creme wie beschrieben, jedoch ohne Gelatine, zubereiten. Die Creme in ein Glas füllen und mit Erdbeeren garnieren.***

Hollersorbet

4 PORTIONEN

PRO PORTION: 100 kcal, 420 kJ,
0 g Fett, 25 g Kohlenhydrate, 0 g Ballaststoffe

200 ml Wasser
100 g Zucker
10 Hollerblütendolden
2 Zitronen
1 Eiklar
Zitronenschale zum Garnieren

Zucker und Wasser in einen Topf geben, langsam erhitzen, ca. 3 Minuten köcheln lassen. Überkühlen lassen.
Hollerblüten in den Sirup einlegen, zugedeckt eine halbe Stunde ziehen lassen. Abseihen, den Saft der beiden Zitronen unterrühren, zugedeckt im Gefriergerät ca. 1 Stunde durchfrieren lassen.
Steif geschlagenen Eischnee unterheben und weitere 2 bis 3 Stunden in den Gefrierschrank stellen, dabei mit dem Schneebesen öfter durchrühren.
Mit feinen Streifen der Zitronenschale garnieren.

Rhabarber auf Vanillecreme

4–6 PORTIONEN

PRO PORTION (bei 4 Portionen): 470 kcal, 1970 kJ,
26 g Fett, 48 g Kohlenhydrate, 4 g Ballaststoffe

RHABARBERMASSE:
500 g Rhabarber
60 g Zucker
2 EL Orangensaft
3 EL Sherry

VANILLECREME:
200 ml Milch
1 Becher Schlagobers
Mark einer Vanilleschote
4 Eidotter
50 g Zucker

150 g weiße Schokolade

Rhabarber schälen, in Stücke schneiden, mit Zucker und Orangensaft 3 Minuten dünsten. Mit Sherry abschmecken.
Milch und Obers mit dem Vanillemark aufkochen, überkühlen lassen.
Eidotter mit Zucker über Dampf zu einer hellen, dicklichen Masse aufschlagen, Obersmilch einrühren, über Wasserdampf ca. 15 Minuten weiterschlagen, bis die Masse einen Löffelrücken überzieht.
Vom Herd nehmen und die zerlassene weiße Schokolade einrühren.
Creme in Gläser füllen, kühl stellen. Mit einer Schicht Rhabarber übergießen und servieren.

Rhabarber-Erdbeer-Creme

4–6 PORTIONEN

PRO PORTION (bei 4 Portionen): 270 kcal, 1110 kJ, 13 g Fett, 30 g Kohlenhydrate, 6 g Ballaststoffe

600 g Rhabarber
60 g Honig
Saft einer halben Zitrone
300 g Erdbeeren
4 Blatt Gelatine
200 ml Milch
1 P. Vanillezucker
3 Eidotter
40 g Honig
3 Eiklar
1 Becher Schlagobers

Rhabarber schälen, in Stücke schneiden und mit wenig Wasser, Honig und Zitronensaft ca. 5 Minuten kochen.
Erdbeeren dazugeben, pürieren.
Gelatineblätter in kaltem Wasser einweichen.
Milch und Vanillezucker aufkochen, ausgedrückte Gelatineblätter darin auflösen.
Eidotter mit Honig schaumig schlagen, Vanillemilch und Fruchtpüree dazugeben, kalt stellen.
Wenn die Creme fest zu werden beginnt, steif geschlagenen Eischnee und die Hälfte vom geschlagenen Obers unterheben.
Portionieren, mit restlichem Obers garnieren.

Rhabarberkompott

4 PORTIONEN

PRO PORTION: 60 kcal, 250 kJ, 1 g Fett, 11 g Kohlenhydrate, 5 g Ballaststoffe

600 g Rhabarber
4 EL Honig
1 kl. Zimtstange
2 Scheiben Ingwer
200 ml Wasser
Schlagobers oder Sauerrahm zum Garnieren

Rhabarber schälen, in mundgerechte Stücke schneiden und in Honigwasser dünsten.
Achtung: Schon nach 2 bis 3 Minuten ist Rhabarber fertig. „Al dente" ist das Kompott am besten, leider wird es meist zerkocht. Mit einem Tupfer geschlagenem Obers oder auch Sauerrahm servieren.

VARIANTE: ***Rhabarber mit Honig und Zitronensaft dünsten. Auskühlen lassen. Mit Orangenschale und Orangenlikör abschmecken. Geschlagenes Obers unterziehen.***

Schnelle Küche

Rhabarbersorbet

4 PORTIONEN

PRO PORTION: 330 kcal, 1390 kJ,
0 g Fett, 80 g Kohlenhydrate, 6 g Ballaststoffe

300 g Zucker
300 ml Wasser
700 g Rhabarber
1/8 l Apfel- oder Traubensaft
Schale einer halben Zitrone

Zucker und Wasser in einen Topf geben, langsam erhitzen, ca. 3 Minuten köcheln. Auskühlen lassen. Rhabarber schälen, zu Stücke schneiden, in mit Zitronenschale versetztem Apfelsaft oder Traubensaft 5 Minuten kochen lassen, überkühlt mit dem Stabmixer pürieren.
Das Fruchtpüree mit dem kalten Zuckersirup verrühren. Im Gefriergerät durchfrieren lassen, dabei mit dem Schneebesen öfter durchrühren.

Grießflammeri mit Rhabarbersoße

4 PORTIONEN

PRO PORTION: 250 kcal, 1050 kJ,
13 g Fett, 25 g Kohlenhydrate, 3 g Ballaststoffe

FLAMMERI:
250 ml Milch
3 EL Honig
Salz
40 g Weizengrieß
2 Eier
1 Becher Schlagobers
Schale einer Zitrone

RHABARBERSOSSE:
300 g Rhabarber
80 ml Apfelsaft
3 EL Honig
Schale und Saft einer Zitrone

Milch mit 1 Prise Salz und Honig aufkochen. Grieß einkochen, unter Rühren ca. 4 Minuten köcheln lassen. Eidotter einrühren, steif geschlagenen Eischnee unterheben.
Kurz vor dem Festwerden Zitronenschale und geschlagenes Obers unterheben. Die Masse in mit kaltem Wasser ausgespülte Dariolformen füllen und 4 Stunden im Kühlschrank fest werden lassen.
Rhabarber schälen, in Stücke schneiden, in Apfelsaft dünsten, pürieren. Mit Honig, Zitronensaft und Schale vermischen.
Zum Anrichten die Dariolformen kurz in heißes Wasser tauchen, Flammeri auf Teller stürzen.
Rhabarbersoße dazu servieren.

Veilchenblüteneiscreme

4 PORTIONEN

Pro Portion: 270 kcal, 1130 kJ, 17 g Fett, 25 g Kohlenhydrate, 0 g Ballaststoffe

300 ml Milch
1 Hand voll Veilchenblüten
5 Eidotter
80 g Zucker
1 Becher Schlagobers
frische oder kandierte Veilchenblüten zum Garnieren

Milch aufkochen, Veilchenblüten hineingeben, zugedeckt 15 Minuten in der heißen Milch ziehen lassen. Abseihen.

Eidotter und Zucker über Dampf schaumig schlagen und in die heiße Veilchenmilch nach und nach einrühren. Die Masse bei kleiner Hitze so lange rühren, bis sie dicklich ist und man mit dem Löffel eine klare Linie ziehen kann. Auskühlen lassen.

Geschlagenes Obers unterheben, durchfrieren lassen, dabei mit dem Schneebesen öfter durchrühren.

Kugeln ausstechen, mit frischen oder kandierten Blüten (Rezept, siehe S. 140) garnieren.

Waldmeisterpudding

4 PORTIONEN

PRO PORTION: 160 kcal, 670 kJ, 4 g Fett, 27 g Kohlenhydrate, 0 g Ballaststoffe

500 ml Milch
4 Stämmchen Waldmeister, angewelkt, oder 2 TL Waldmeistersirup
4 EL Honig
50 g Maisstärke

Waldmeister 2 bis 3 Stunden in Milch einweichen, abseihen. Zwei Drittel der Milch mit Honig aufkochen.

Die Maisstärke in der restlichen Milch kalt anrühren und in die kochende Milch einrühren.

Unter Rühren nochmals aufkochen lassen, in Puddingformen füllen. Den Pudding erkaltet stürzen.

Waldmeisterparfait auf Orangensoße

4 PORTIONEN

PRO PORTION: 180 kcal, 750 kJ,
11 g Fett, 20 g Kohlenhydrate, 0 g Ballaststoffe

PARFAIT:
1 Ei, 1 Eidotter
1 EL Zucker
5 EL Waldmeistersirup
1 Becher Schlagobers

ORANGENSOSSE:
250 ml Orangensaft
1 EL Stärkemehl

Ei, Eidotter und Zucker über Dampf gut schaumig schlagen, beim Überkühlen weiterschlagen, Waldmeistersirup und geschlagenes Obers unterheben. In eine Form abfüllen und im Tiefkühlfach durchfrieren lassen.
Orangensaft mit Stärkemehl gut verrühren, unter Rühren aufkochen lassen. Abkühlen. Parfait auf Dessertteller portionieren, mit Orangensoße garnieren.

Kuchen & Co

Hollerstrauben oder gebackene Hollerblüten

4 PORTIONEN

PRO PORTION: 300 kcal, 1250 kJ,
17 g Fett, 28 g Kohlenhydrate, 4 g Ballaststoffe

120 g (Vollkorn-)Mehl
1 TL Honig
1 Prise Salz
150 ml Milch
2 Eier
8–12 Hollerblütendolden
Butterschmalz zum Backen
Zucker und Zimt zum Bestreuen

Mehl, Honig, Salz, Milch und Eidotter zu einem Teig verrühren, 15 Minuten rasten lassen. Steif geschlagenen Eischnee unterheben. Die Hollerblüten in den Backteig tauchen und sofort in heißem Fett goldgelb backen.
Die gebackenen Hollerblüten nach dem Frittieren auf einem saugfähigen Papier kurz abtropfen lassen. Mit Zucker und Zimt bestreut servieren. Dazu passt Kompott.

Hollerblütenkuchen

12 PORTIONEN

PRO PORTION: 230 kcal, 970 kJ,
16 g Fett, 18 g Kohlenhydrate, 3 g Ballaststoffe

TEIG:
200 g (Vollkorn-)Mehl
120 g Butter
3 EL Vollrohrzucker
1 Eidotter, 1 Prise Salz

BELAG:
100 g gemahlene Mandeln
ca. 15 Hollerblütendolden

1 Becher Schlagobers, 1 EL Honig
5 EL Vollrohrzucker

Aus den Zutaten einen Teig kneten, kühl stellen.

Teig in eine Tortenform legen und seitlich ein wenig hochziehen, bei 180 °C 15 Minuten vorbacken.

Gemahlene Mandeln auf den Teig streuen, darauf die stängellosen Hollerblüten legen. Obers-Honig-Mischung darüber gießen, mit Vollrohrzucker bestreuen.

Bei 210 °C ca. 30 Minuten fertig backen, der Zucker sollte karamellisieren.

Rhabarbertorte

12 PORTIONEN

PRO PORTION: 190 kcal, 800 kJ,
9 g Fett, 25 g Kohlenhydrate, 3 g Ballaststoffe

TEIG:
200 g (Vollkorn-)Mehl
100 g Butter
2 EL Sauerrahm oder 2 EL Topfen
70 g Marzipan
1Prise Salz, 1/2 TL Zimt, 2 EL Zucker

BELAG:
600 g Rhabarber
1 Pkg. Puddingpulver (Vanille)
200 ml Orangensaft
80 g Zucker, 1/2 TL Zimt
1/2 TL Vanillezucker

Aus den Zutaten einen Teig kneten, kühl stellen.

Rhabarber schälen, in Stücke schneiden. Orangensaft, Puddingpulver und Zucker verrühren und dick einkochen.

Rhabarberstücke, Zimt und Vanillezucker dazugeben, unter Rühren 2 bis 3 Minuten köcheln lassen, auskühlen lassen.

Teig in eine Tortenform legen und seitlich ein wenig hochziehen, 10 Minuten bei 180 °C backen. Dann die Rhabarbermasse auf der Torte verteilen. Etwa 40 Minuten fertig backen.

Einfacher Rhabarber-Dinkel-Kuchen

12 PORTIONEN

PRO PORTION: 210 kcal, 880 kJ,
12 g Fett, 20 g Kohlenhydrate, 3 g Ballaststoffe

2 Eidotter
1/2 Becher Rohrohrzucker
Salz
1 P. Vanillezucker
250 g Joghurt
2 Eiklar
3/4 Becher Butter, zerlassen
2 Becher Dinkelvollkornmehl
1 TL Backpulver
ca. 500 g Rhabarber

Eidotter, Zucker, 1 Prise Salz, Vanillezucker und Joghurt verrühren. Eiklar zu steifem Schnee schlagen.

Butter, Eischnee, Mehl und Backpulver unterheben. Rhabarber schälen, in Stücke schneiden. Die Kuchenmasse in eine befettete Tortenform geben, dick mit Rhabarberstücken belegen.

Bei 170 bis 180 °C ca. 30 bis 40 Minuten backen.

Rhabarber-Topfen-Stangerln

12–16 STÜCK

PRO PORTION: 220 kcal, 920 kJ,
15 g Fett, 15 g Kohlenhydrate, 2 g Ballaststoffe

TEIG:
250 g Topfen
250 g Dinkel(vollkorn)mehl
200 g Butter, 1 Ei, Salz

Zutaten zu einem Teig verkneten, 30 Minuten rasten lassen.

FÜLLE:
20 g Butter, 5 EL Rohrohrzucker
1 P. Vanillezucker, 10 g Maisstärke
125 g Topfen, 1 Prise Salz
Schale einer halben Zitrone
200 g Rhabarber

2–3 Eidotter zum Bestreichen

Butter und Zucker gut schaumig rühren, restliche Zutaten einrühren.

Rhabarber schälen und in Stücke schneiden.

Teig auf bemehlter Fläche 0,5 cm dick ausrollen, Quadrate von 10 x 10 cm schneiden (radeln), Topfencreme und Rhabarberstücke diagonal in die Mitte geben. Den Teig an den Ecken mit Eidotter bestreichen, von 2 gegenüberliegenden Seiten über dem Rhabarber zusammenschlagen. Mit Eidotter bestreichen.

Im vorgeheizten Rohr bei 200 °C 20 bis 30 Minuten backen.

Süßes auf Vorrat

Rhabarber-Erdbeer-Konfitüre

500 g Rhabarber
500 g Erdbeeren
500 g Zucker
1 Beutel Gelierhilfe (Pektin)

Rhabarber schälen, in kleine Stücke schneiden. Erdbeeren in Scheiben schneiden, Zucker und Gelierhilfe einrühren.

Langsam aufkochen lassen, unter Rühren 4 bis 5 Minuten köcheln. Heiß in saubere Gläser abfüllen.

Rhabarber-Orangen-Konfitüre

1 kg Rhabarber
200 ml Orangensaft
1 EL Orangenschalen, fein geschnitten
800 g Zucker
1 Beutel Gelierhilfe (Pektin)

Rhabarber schälen, in kleine Stücke schneiden, mit dem Orangensaft 5 Minuten köcheln.

Orangenschalen, Gelierhilfe und Zucker dazugeben und weitere 4 bis 5 Minuten köcheln. Heiß in saubere Gläser abfüllen.

Aromatisierter Veilchenhonig

1 Hand voll Veilchenblüten
250 g dünnflüssiger Honig

Honig in kleine, saubere Gläser abfüllen. In jedes Glas 4 bis 5 Veilchenblüten einlegen. Gut verschließen.

Veilchenaufstrich

250 g Veilchenblüten
250 ml Wasser
250 g Rohrohrzucker
Saft einer Zitrone

Wasser zum Kochen bringen, Veilchenblüten einlegen und 5 Minuten leicht köcheln. Zucker und Zitronensaft dazugeben. Aufkochen, bis der Sirup dicklich wird (ca. 30 Minuten).

In kleine, saubere Gläser abfüllen. Gut verschließen.

Kandierte Veilchenblüten

1 Hand voll Veilchenblüten
1 Eiklar
Staubzucker

Eiklar mit einer Gabel verschlagen. Veilchenblüten mit einem Pinsel rundherum mit Eiklar bestreichen, sofort mit Staubzucker rundherum ganz bedecken. Zum Trocknen auf ein mit Backpapier belegtes Backblech schlichten.

Bei 50 °C im halboffenen Rohr trocknen. In gut verschließbaren Glasgefäßen lichtgeschützt aufbewahren.

VARIANTE: ***Auf dieselbe Art können Schlüsselblumen-, Nelkenblüten, Rosenblüten- oder Minzeblätter kandiert werden.***

Veilchenzucker

50 g getrocknete Veilchenblüten
200 g Zucker

Getrocknete Blüten fein vermahlen, mit Zucker mischen.

Die Mischung mindestens einen Monat ziehen lassen, damit sich das Aroma voll entfaltet.

LEXIKON ÖSTERREICHISCH – DEUTSCH

auswalken – Teig ausrollen
Blaukraut/Rotkraut – Rotkohl
Dariolform – Becherform
Eidotter – Eigelb
Eiklar – Eiweiß
Faschiertes – Hackfleisch
Karotte – Möhre, Mohrrübe
Kren – Meerrettich
Nockerl – Spätzle
Nockerlschlitten – Spätzlehobel, Gerät zum Einkochen von Spätzle
Orange – Apfelsine
Palatschinke – Pfannkuchen
Polenta – Maisgrieß
Rauke – Rucola
Rollgerste – Perlgraupen
Rosine – getrocknete Weinbeere
Sauerrahm – Schmand, saure Sahne
Schlagobers – süße Sahne
Schneebesen – Schneerute
Semmelbrösel – Paniermehl aus geriebenen altbackenen Brötchen
Staubzucker – Puderzucker
Topfen – Quark
Weißkraut – Weißkohl

LITERATUR

Couplan, F. (1998):
Wildpflanzen für die Küche.
AT Verlag.

Graupe/Koller (2004):
Delikatessen aus Wildkräutern.
A&M.

Herrmann, K. (2001):
Inhaltsstoffe von Obst und Gemüse.
Ulmer.

Mayer, E. (2001):
Wildfrüchte, -gemüse, -kräuter.
Leopold Stocker Verlag.

Watzl, B. & C. Leitzmann (1999):
Bioaktive Substanzen in Lebensmitteln.
Hippokrates.

Die Rezepte und Tipps in diesem Buch wurden von den Autorinnen sorgfältig geprüft, dennoch kann keine Garantie übernommen werden.

Abbildungen

Stockfood (Umschlag)
Böswirth & Thinschmidt (Seite 14, 52)
Papouschek & Thinschmidt (Seite 6, 89, 93, 115, 117)
Wolfgang Redeleit (Seite 19, 39, 41, 43, 45, 94, 119, 123, 141)
Rosemarie Zehetgruber, Christine Klestorfer (alle anderen Abbildungen)

Impressum

Druck- und Verlagsges.m.b.H. Nfg. KG,
Achauer Straße 49a, A-2333 Leopoldsdorf
E-Mail: buch@agrarverlag.at, Internet: www.avbuch.at

Projektleitung: Alexandra Mlakar, Österreichischer Agrarverlag
Korrektorat: Tina Spiegl
Grafische Gestaltung und Satz: armanda,geisler Wien
Druck: Landesverlag Druckservice, Linz

Printed in Austria
ISBN 3-7040-1989-5

NÜTZLICHE ADRESSEN

Bezugsquellen für biologisches Saatgut/ Gemüse- und Kräuterraritäten

ReinSaat Emmelmann Ges.n.b.R
A-3572 St. Leonhard am Hornerwald
Tel.: 0043/2987/2347, Fax: 0043/2987/23474
E-Mail: reinsaat@reinsaat.co.at, www.reinsaat.com

Arche Noah
Obere Straße 40, A-3553 Schiltern
Tel.: 0043/2734/8626-0, Fax: 0043/2734/8626-12
E-Mail: info@arche-noah.at, www.arche-noah.at
Große Sortenauswahl, Erhaltung alter und seltener Sorten

Gartenbau Wagner
Gutendorf 36, A-8353 Kapfenstein
Tel.: 0043/3157/2395, Fax: 0043/3157/2607
E-Mail: mail@gartenbauwagner.at
www.gartenbauwagner.at

Bio-Saatgut Dreschflegel
Föckinghauser Weg 9, D-49324 Melle
Tel.: 0049/5542/502744, www.dreschflegel-saatgut.de

Allerleirauh GmbH
Kronstraße 24, D-61209 Echzell-Bingenheim
Tel.: 0049/6035/1899-0, Fax: 0049/6035/1899-40
E-Mail: info@oekoseeds.de, www.oekoseeds.de

Ferme de Sainte Marthe
Bio-Saatgut Ulla Grall
Bäreneck 4, D-55288 Arnsheim, Tel.: 0049/6734/960013

VEN – Verein zur Erhaltung der Nutzpflanzenvielfalt
c/o Ursula Reinhard
Sandbachstraße 5, D-38162 Schandelah
Tel.: 0049/5306/1402, Fax: 0049/5306/932946
E-Mail: ven.nutz@gmx.de, www.nutzpflanzenvielfalt.de

Robert und Christine Zollinger
CH-1894 Les Evouettes, Tel.: 0041/24/4814035

Sativa Rheinau GmbH
Amadeus Zschunke, Klosterplatz, CH-8462 Rheinau

Information zu biologischem Landbau und Bio-Einkaufsmöglichkeiten

Bio-Information
Theresianumgasse 11, A-1040 Wien
Servicetelefon zum Ortstarif
aus Österreich: 0810/221314
E-Mail: service@bioinformation.at
www.bioinformation.at

AllesBio
Heisinger Straße 1b, D-93092 Sarching
Tel.: 0049/9403/961394
E-Mail: info@allesbio.de, www.alles-bio.de
Übersicht über direkt vermarktende Bio-Betriebe in Deutschland

Beratung für Bio-Gärtnerinnen und -Gärtner
"die umweltberatung"
Verband der österreichischen Umweltberatungsstellen
Wiener Straße 35, A-3100 St. Pölten
Tel.: 0043/2742/70855, Fax: 0043/2742/70855-20
Allgemeine Umweltberatung:
E-Mail: oesterreich@umweltberatung.at
bzw. service@umweltberatung.at
Gartentelefon: 0043/2742/74333
Gartenfax: 0043/2742/74333-733
E-Mail: gartentelefon@umweltberatung.at
www.umweltberatung.at

REZEPTREGISTER